Junior NKIERE MAKOLONI

CURSO DE INFORMÁTICA PRIMEIRO ANO CG

Junior NKIERE MAKOLONI

CURSO DE INFORMÁTICA PRIMEIRO ANO CG

ScienciaScripts

Imprint

Cover image: www.ingimage.com

This book is a translation from the original published under ISBN 978-620-6-72009-6.

Publisher:
Sciencia Scripts
is a trademark of
Dodo Books Indian Ocean Ltd. and OmniScriptum S.R.L publishing group

120 High Road, East Finchley, London, N2 9ED, United Kingdom
Str. Armeneasca 28/1, office 1, Chisinau MD-2012, Republic of Moldova, Europe
Managing Directors: Ieva Konstantinova, Victoria Ursu
info@omniscriptum.com

Printed at: see last page
ISBN: 978-620-8-51204-0

Conteúdo

PREFÁCIO

Desde a descoberta dos computadores, muitas actividades quotidianas foram simplificadas. Atualmente, as pessoas podem tratar facilmente a informação através de software e de redes informáticas. Dada a sua evolução, este sistema caracteriza a maioria das grandes empresas, independentemente do seu sector de atividade.

Por conseguinte, é vital que os estudantes possuam um certo nível de literacia informática para poderem ter êxito no local de trabalho.

Possíveis utilizações futuras das TI

Somente nos últimos dez anos, houve uma grande evolução na computação, caracterizada pela criação de novos dispositivos para substituir ou complementar os já existentes. Estes novos dispositivos caracterizam-se pela sua praticidade e capacidade de armazenamento e processamento de dados mais eficiente. capacidade de processamento.

Ao analisar estas mudanças, os especialistas podem antecipar as possíveis utilizações futuras das TI, e muitos deles apoiam a ideia de que, num futuro próximo, a conservação de dados se tornará uma tendência mais global e que a recolha de informações se tornará ainda mais importante.

RESUMO

Toda a gente sabe que as tecnologias da informação podem melhorar a produtividade e a organização. Permitem aos empregados utilizar ferramentas eficazes que poupam tempo para realizar as suas tarefas diárias: ferramentas de tratamento de texto, software de gestão, recuperação de informação, automatização de tarefas, etc. Por esta razão, este manual, destinado aos alunos do primeiro ano de humanidades, permite a todos os alunos dominar os conceitos gerais da informática e criar ficheiros e pastas, criar ficheiros e pastas num computador, redigir notas de encomenda e facturas utilizando um computador, dominar as noções básicas do tratamento de texto e utilizar a Internet para contactar com terceiros.

Atualmente, a maioria dos trabalhadores tem pelo menos um computador no seu posto de trabalho. Para poupar dinheiro, e embora algumas empresas utilizem Linux ou IOS, a maioria destes computadores utiliza um sistema operativo do tipo Windows. Este último é particularmente **vulnerável a vírus e outros ataques informáticos**. Este facto pode atrasar o trabalho dos funcionários e pôr em perigo toda a rede informática da empresa. O equipamento de escritório envelhecido ou obsoleto e as ferramentas informáticas ineficientes podem também prolongar as tarefas e limitar a produtividade da empresa.

OBJECTIVOS

OBJECTIVO GERAL

No final do primeiro ano do curso de Humanidades Empresariais e de Gestão, o aluno será capaz de utilizar ferramentas informáticas para tarefas básicas.

OBJECTIVOS ESPECÍFICOS

No final deste curso, qualquer aluno que o tenha seguido com assiduidade será capaz de :

- Dominar os conceitos gerais de informática e criar ficheiros e pastas;
- Criar ficheiros e pastas num computador ;
- Elaboração de notas de encomenda e de facturas através do computador;
- Dominar as noções básicas de processamento de texto ;
- Utilizar a Internet para entrar em contacto com terceiros

CAPÍTULO I

CONCEITOS DE INFORMÁTICA

1.1. DEFINIÇÃO

O termo "informática" foi utilizado pela primeira vez em 1962 por Philippe Dreyfus para descrever o tratamento automático da informação. Esta nova palavra resulta da combinação de duas palavras, "informação" e "automático".

Em 1967, a Academia Francesa definiu a informática como "a ciência do tratamento racional, nomeadamente com a ajuda de máquinas automáticas, da informação, considerada como a base do conhecimento nos domínios científico, económico e social".

A informática pode também ser definida como a ciência do tratamento automático e racional da informação, considerada como a base do conhecimento e da comunicação.

1.2. PAPEL

As TI desempenham muitos papéis no mundo empresarial moderno. Atualmente, quase todas as empresas utilizam equipamento informático para satisfazer as suas necessidades internas e externas de produção e tratamento de processos. As TI são, por conseguinte, a base do sistema de circulação ou de tratamento da informação de uma empresa, daí a importância das TI na atividade empresarial. As TI permitem atualizar as bases de dados e as informações electrónicas de uma empresa, de uma sociedade ou de um grupo. A informática é o meio que permite às empresas modernas evoluírem e desenvolverem-se livremente.

1.3. HISTÓRIA

Durante milhares de anos, o homem criou e utilizou instrumentos para o ajudar a calcular. Inicialmente, a maioria das sociedades utilizava provavelmente a mão, bem como outras partes do corpo, como auxiliares de cálculo. (É interessante notar que a palavra "cálculo" vem da palavra latina *calculi*, que significa "pedras"). O primeiro exemplo de uma ferramenta mais complexa foi o ábaco, que assumiu várias formas, até ao ábaco ainda utilizado na China e na Rússia. Entre os algoritmos mais antigos encontram-se tabelas que datam do tempo de Hammurabi (c. 1750).

Por volta de 1617, John Napier inventou uma espécie de ábaco aperfeiçoado. Em 1625, a sua invenção dos logaritmos permitiu a William Oughtred desenvolver a régua de cálculo, que foi utilizada por muitos engenheiros até ao aparecimento das calculadoras de bolso. Por exemplo, muitos dos cálculos necessários para o programa Apollo foram efectuados com réguas de cálculo.

As primeiras máquinas programáveis

Em 1725, Basile Bouchon, um Lyonnais, desenvolveu um sistema para programar um tear utilizando uma fita perfurada. Foi o início da programação. Esta invenção foi aperfeiçoada em 1728 pelo seu assistente, Jean-Baptiste Falcon, que utilizou uma série de cartões perfurados interligados. Jacques de Vaucanson retomou a ideia, substituindo a fita e os cartões por um cilindro metálico perfurado. A Joseph-Marie Jacquard é frequentemente atribuída a invenção dos cartões perfurados, mas tudo o que fez foi aperfeiçoar e comercializar o tear automático no início do século XIX.

Em 1833, Charles Babbage descreveu a sua máquina analítica. Tratava-se de uma calculadora mecânica programável que utilizava cartões perfurados como dados e era alimentada a vapor. Embora a sua teoria estivesse correta, a falta de peças mecânicas suficientemente precisas e de financiamento público impediu a construção da máquina. Ada Lovelace criou uma série de programas (uma sequência de cartões perfurados) para esta máquina, e os seus esforços tornaram-na na primeira programadora do mundo.

A conselho de Herman Hollerith (que viria a criar a IBM), o *Serviço de Recenseamento dos Estados Unidos* utilizou cartões perfurados para o recenseamento de 1890.

Nos séculos XIX e XX, a eletricidade permitiu motorizar as calculadoras mecânicas e substituir certos mecanismos por electromecânicos.

CAPÍTULO II

COMPUTADOR

11.1. DEFINIÇÃO

Do latim *ordinator,* aquele que põe as coisas em ordem, de *ordinare*. Máquina automática de tratamento de informação, que obedece a programas formados por sequências de operações aritméticas e lógicas.

11.2. VANTAGEM

- **Aumento da produtividade e da eficiência**: Uma das vantagens de um computador é o facto de poder aumentar significativamente a produtividade e a eficiência através da automatização de tarefas repetitivas, permitindo uma rápida execução de várias tarefas e um acesso fácil à informação, e facilitando a colaboração com outras pessoas. Por exemplo, os programas de processamento de texto podem facilitar a redação e edição de documentos, as folhas de cálculo podem ajudar a analisar e organizar dados e as ferramentas de comunicação, como o correio eletrónico e as mensagens instantâneas, podem facilitar uma comunicação rápida e eficaz.
- **Melhoria da comunicação e da colaboração**: Os computadores e a Internet facilitaram a comunicação e a colaboração com outras pessoas, independentemente da distância. Aplicações como o correio eletrónico, as mensagens instantâneas, as videoconferências mensagens instantâneas, videoconferências e ferramentas colaboração como o Google Docs, Trello e Asana permitem que os membros da equipa trabalhem em conjunto nos projectos em tempo real, graças à comunicação tecnológica.
- **Acesso a grandes quantidades de informação**: A Internet fornece-nos uma quantidade quase ilimitada de informação, permitindo-nos aprender e investigar quase todos os temas imagináveis. Isto é benéfico tanto por razões pessoais como profissionais, permitindo aos indivíduos e às organizações manterem-se informados e tomarem melhores decisões.
- **Automatização de tarefas repetitivas**: Os computadores podem ser programados para automatizar tarefas repetitivas, poupando tempo e reduzindo os erros. Por exemplo, um computador pode calcular automaticamente os salários de todos os empregados de uma organização ou enviar automaticamente mensagens de correio eletrónico aos clientes de uma determinada base de dados.
- **A capacidade de trabalhar à distância**: Graças aos computadores e à Internet, os empregados podem agora trabalhar à distância. Isto

permite-lhes trabalhar a partir de qualquer lugar e aumentar a flexibilidade do seu equilíbrio entre a vida profissional e pessoal, incluindo a utilização dos melhores computadores portáteis para empresários. Isto pode ser particularmente útil para pessoas com filhos ou outras responsabilidades familiares que dificultam o trabalho no horário tradicional das 9 às 5 horas.

11.3. GERAÇÃO DE COMPUTADORES

A história do computador remonta aos anos 30 com a invenção da máquina de Turing, considerada o primeiro computador. No entanto, foi o ENIAC (Electronic Numerical Integrator And Computer) que marcou verdadeiramente o início da era do computador, em 1946. Esta máquina gigantesca era capaz de efetuar cálculos numa questão de segundos, o que representou uma revolução para a época.

A primeira geração de computadores, de 1945 a 1955, caracterizou-se pela utilização de tubos electrónicos para processar a informação. Os computadores desta época eram muito caros, volumosos e pouco fiáveis.

A segunda geração de computadores, que durou de 1956 a 1964, marcou a chegada dos transístores. Estes componentes electrónicos permitiram a miniaturização dos computadores e a redução dos custos de produção. Os computadores desta época eram mais fiáveis, mais rápidos e mais baratos.

A terceira geração de computadores, de 1964 a 1971, foi marcada pela utilização de circuitos integrados. Estes componentes electrónicos permitiram miniaturizar ainda mais os computadores e aumentar a sua capacidade de cálculo.

A quarta geração de computadores, de 1971 até à atualidade, é marcada pela utilização de microprocessadores. Estes componentes electrónicos permitiram tornar os computadores extremamente miniaturizados e fornecer uma capacidade de cálculo ainda maior. Os computadores tornaram-se então acessíveis ao grande público.

Por último, a quinta geração de computadores, que está atualmente a ser desenvolvida, é marcada pela utilização da inteligência artificial e dos computadores quânticos. Estes computadores ultra-poderosos são capazes de resolver problemas complexos em tempo recorde.

As diferentes gerações de computação podem ser divididas em três períodos principais: a era da mecanização (antes de 1945), a era da eletrónica (1945-1975) e a era da computação pessoal (desde 1975).

Em suma, o primeiro computador foi criado em 1946 por J. Presper

Eckert e John Mauchly e, desde então, o computador registou uma evolução deslumbrante. As 5 gerações do computador viram-no evoluir de uma máquina gigantesca e cara para uma ferramenta ultra-poderosa e acessível a todos. A tecnologia continua a avançar, e quem sabe o que o futuro nos reserva?

11.4. TIPO DE COMPUTADOR

Desde o nascimento da informática, existem muitos tipos diferentes de computadores. Eis alguns exemplos dos computadores mais utilizados atualmente.

1. O computador de secretária

Trata-se de um computador pessoal concebido para ser utilizado num computador de secretária, uma vez que todo o sistema está dividido em vários periféricos, o que torna mais complicada a sua deslocação. É geralmente composto por :

- um ecrã
- uma caixa (Torre ou Unidade Central) que contém todos os componentes electrónicos necessários ao seu funcionamento
- um teclado
- um rato

Pode também ter altifalantes para som e outros periféricos, como webcams, impressoras, scanners, etc. (....). Cada computador tem as suas próprias caraterísticas especiais. Alguns computadores têm um ecrã que funciona como unidade central de processamento (o I Mac, por exemplo).

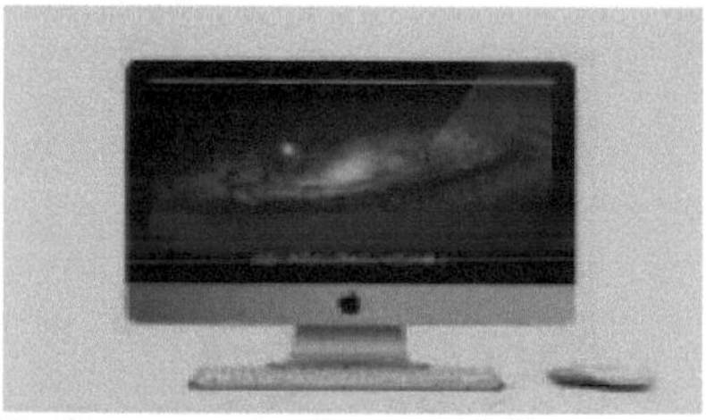

2. O computador portátil

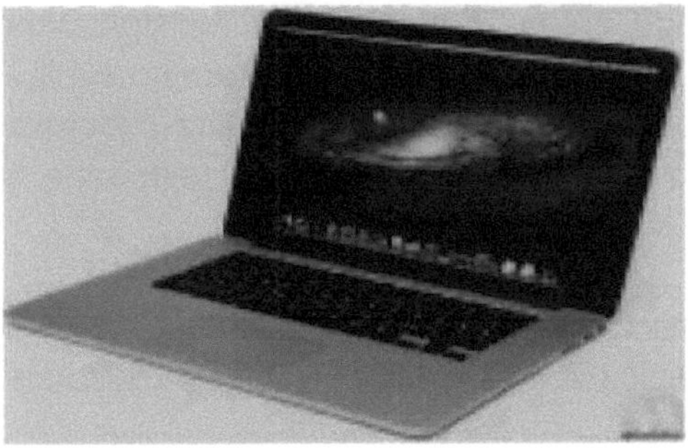

É um computador pessoal como um computador de secretária. Muito mais pequeno, mais leve e mais fácil de transportar, o computador portátil reduz-se a um único elemento que inclui os componentes miniaturizados habituais de um computador:

- O computador portátil é a caixa, a unidade central que contém todos os componentes electrónicos.
- O ecrã integrado abre e fecha.
- O teclado está integrado na caixa
- Um painel sensível ao toque denominado "Touchpad" funciona como um rato (também pode ser ligado um rato externo).
- O computador portátil tem uma saída de som integrada e também permite a ligação de auscultadores.
- As ligações e as unidades também estão integradas na caixa.

3. Tablets e smartphones tácteis

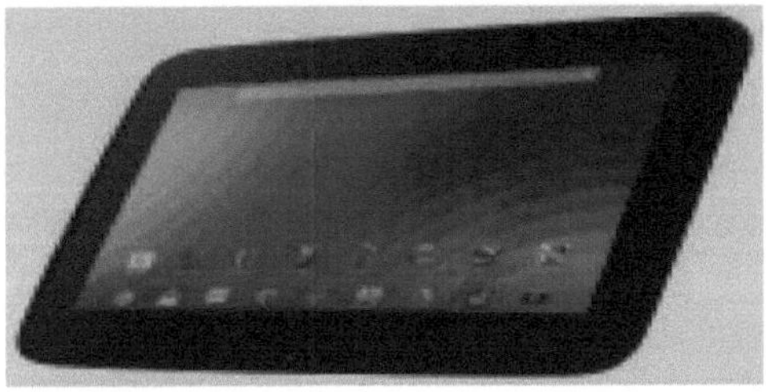

O tablet é um computador ultraplano, ainda mais leve e mais pequeno do que um computador portátil, sem teclado nem rato (que foram substituídos por um ecrã tátil). Os outros periféricos são frequentemente ligados sem fios ou através de conectores laterais. Tudo é comprimido e miniaturizado num ecrã que o software do sistema pode utilizar para operar o computador tablet.

O smartphone, originalmente um telemóvel, tornou-se um pequeno computador semelhante a um pequeno tablet, utilizando também um ecrã tátil.

4. **Consola de jogos**

A consola não é propriamente um computador. Concebidas essencialmente para jogos de vídeo, as várias consolas têm poucas aplicações para além dos seus aspectos de entretenimento. No entanto, com os actuais desenvolvimentos digitais e tecnológicos, algumas consolas domésticas têm funções muito semelhantes às de um computador.

- A consola está limitada às capacidades de jogo, mas tem os mesmos componentes que um computador de secretária (processadores, placa gráfica, placa de som, unidade de disco, etc.).
- A consola geralmente não tem teclado nem rato, apenas joysticks.

Mas os sistemas que "gerem" a máquina oferecem frequentemente soluções de teclado virtual (como nos tablets) que aparecem no ecrã.

- A consola foi concebida para ser ligada a uma televisão (ou a um PC).

ecrã capaz de receber ligações).

- Atualmente, a consola pode ser ligada à Internet (o que facilita muito a sua utilização).

Isto significa que pode comunicar em linha com outras pessoas, graças a uma gama de periféricos de áudio e vídeo opcionais.

II.5.ARQUITECTURA DOS COMPUTADORES

Para processar informação, um microprocessador por si só não é suficiente; tem de ser integrado num sistema mínimo de processamento de informação programada. John Von Neumann desenvolveu um modelo de máquina universal para processamento de informação programada (1946). Esta arquitetura serve de base à maior parte dos sistemas de microprocessadores actuais. É constituída pelos seguintes elementos - uma unidade central de processamento ;

- uma memória principal ;
- interfaces de entrada/saída

Os vários componentes do sistema estão ligados por canais de comunicação conhecidos como barramentos.

1. A UNIDADE CENTRAL

É constituído pelo microprocessador, que é responsável pela interpretação e execução das instruções de um programa, pela leitura ou gravação dos resultados na memória e pela comunicação com as unidades de troca. Todas as actividades do microprocessador são cronometradas por um relógio.

O microprocessador caracteriza-se por :

- a sua frequência de relógio: em MHz ou GHz ;
- o número de instruções por segundo que é capaz de executar; - a dimensão dos dados que é capaz de processar: em bits. a dimensão dos dados que é capaz de processar: em bits.

2. A MEMÓRIA PRINCIPAL

Contém as instruções para o(s) programa(s) que está(ão) a ser executado(s) e os dados associados a esse programa. Fisicamente, pode muitas vezes ser dividido em :

- uma memória **ROM** (read-only memory) encarregada de armazenar o programa. Trata-se de uma memória só de leitura;
- Memória de acesso aleatório (**RAM**) para armazenar dados

intermédios ou os resultados de cálculos. Os dados podem ser lidos ou escritos nesta memória, mas perdem-se quando o sistema é desligado.

Nota: Os discos rígidos, as disquetes, os CD-ROM, etc. são dispositivos de armazenamento e são considerados memórias secundárias.

3. INTERFACES DE ENTRADA/SAÍDA

Permitem a comunicação entre o microprocessador e os periféricos. (sensor, teclado, monitor ou ecrã, impressora, modem, etc.).

A. HARDWARE

Em francês, a palavra **hardware** traduz-se literalmente por material. No entanto, é utilizada de uma forma muito mais específica, uma vez que se limita, de facto, ao próprio hardware.

Estamos a falar de equipamento físico, de componentes que são utilizados na tecnologia informática. Por isso, é muito importante distinguir entre hardware e software. Trata-se de dois elementos complementares, mas que abrangem realidades completamente diferentes.

1. Unidade central

A unidade central de processamento é a caixa que contém todo o hardware eletrónico necessário para que um computador funcione corretamente. Assim, o teclado, o rato e o ecrã estão estritamente ligados a ela. Por exemplo, é na unidade central do computador que é inserido um disco. No entanto, as unidades centrais não foram concebidas para os computadores portáteis, porque todo o equipamento eletrónico está agrupado sob o teclado.

Para melhor transmitir a importância da unidade central de processamento, lembre-se de que ela contém o processador (o cérebro do computador), o disco rígido (a memória), a placa-mãe (a espinha dorsal) e, finalmente, a fonte de alimentação (o coração e os pulmões do computador).

2. Periféricos

Um periférico é qualquer dispositivo eletrónico que pode ser ligado a um computador. Eis alguns exemplos:

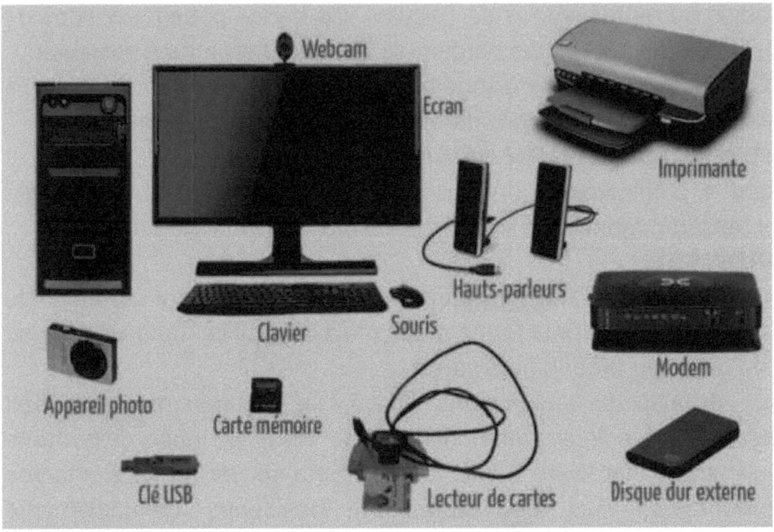

Um **ecrã** apresenta o conteúdo do computador.

Um **teclado** e um rato são essenciais para comunicar com o computador.

Estão disponíveis **altifalantes** para ouvir ficheiros de som. Alguns ecrãs têm altifalantes incorporados.

Uma **webcam** é uma pequena câmara que pode ser colocada num computador para filmar imagens e transferi-las para o computador. Também pode ser integrada no ecrã do computador.

Uma **impressora** é utilizada para imprimir ficheiros em papel. Algumas impressoras também têm uma função de **"scanner"** que converte uma página de "papel" num ficheiro legível por computador.

Um **modem**: é uma pequena caixa utilizada para ligar à Internet.

Um **disco rígido externo**: é um disco rígido numa caixa robusta que se liga a um computador através de USB. Pode ser utilizado para fazer cópias de segurança de dados do seu computador ou para gravar ficheiros maiores (filmes) e transportá-los.

Uma **unidade flash USB** e um cartão de memória: para armazenar dados num dispositivo pequeno e portátil. Os cartões de memória são geralmente concebidos para serem utilizados em máquinas fotográficas, smartphones, etc.

O **leitor de cartões:** permite ao computador ler as informações contidas nos cartões: cartões de identidade, cartões de memória.

CLASSIFICAÇÃO DOS PERIFÉRICOS

Os periféricos são frequentemente divididos em duas categorias:

. **Periféricos de entrada**: utilizados para fornecer informações (ou dados) ao sistema informático. Exemplos: teclado, rato, scanner, webcam, microfone.

. **Periféricos de saída**: utilizados para emitir informações a partir do sistema informático. Exemplos: ecrã, impressora, auscultadores.

Existem também **periféricos de entrada e saída**, que permitem o fornecimento de informações ao computador, mas também a saída de informações do mesmo. Exemplos: pen USB, cartão de memória, modem, etc.

B. SOFT WARE

Software é a palavra francesa que designa o programa informático. Ao contrário do hardware, **o software não é tangível, mas permite o funcionamento do computador**. O software permite que o computador execute uma tarefa muito específica, dependendo da forma como é utilizado. Por exemplo, o sistema operativo permite que o computador funcione e processe os dados na máquina. Caso contrário, não é possível fazer nada com o hardware.

Os programas informáticos não têm uma vida útil. Pode sempre utilizá-los enquanto estiverem operacionais no mercado ou enquanto o seu fabricante autorizar a sua circulação. Por exemplo, pode continuar a ter o sistema operativo XP. O único inconveniente é o facto de estar limitado em termos de funcionalidade. **Diz-se que um software que deixou de ser funcional é "obsoleto"**.

Além disso, **o software não pode perder desempenho e potência durante a utilização**. São simplesmente actualizados sempre que é lançada uma nova versão no mercado. Assim, o único fator que pode fazer variar o preço de um software com o mesmo modelo e o mesmo fabricante é apenas a versão.

OS DIFERENTES TIPOS DE SOFTWARE

De facto, existem diferentes tipos de Software, dependendo da forma como este interage:

- software de aplicação utilizado para executar uma tarefa específica,
- software standard concebido para ser oferecido aos clientes,
- software específico concebido para um determinado cliente,
- software de código aberto.

SOFTWARE BÁSICO (Sistema operativo)

Um **sistema operativo**, ou SO, define um conjunto de programas responsáveis por estabelecer uma relação entre os vários recursos de hardware, as aplicações e o utilizador.

Num computador, o **sistema operativo** tem várias missões. Entre outras coisas, gere o processador e a memória RAM, optimiza a execução das aplicações atribuindo-lhes os recursos necessários, fornece um certo número de informações sobre o funcionamento do computador, etc. Permite utilizar os periféricos em condições óptimas e protege o acesso aos recursos. Permite a utilização dos periféricos em condições óptimas e protege o acesso aos recursos.

Um **sistema operativo** é normalmente composto por um kernel, uma shell e um sistema de ficheiros. No início dos anos 80, a Microsoft introduziu o Windows com o 'Windows'.

Entre os **sistemas operativos** mais utilizados atualmente **no** mundo encontram-se o Mac OS da Apple, o Windows da Microsoft e o Android para telemóveis e smartphones.

CAPÍTULO III

MS-DOS

111.1. DEFINIÇÃO

MS-DOS é a abreviatura de *Microsoft Disk Operating System*, um sistema operativo lançado em julho de 1981 pela Microsoft e baseado no DOS de 86. O DOS é um sistema operativo de linha de comando, ao contrário das actuais interfaces gráficas de utilizador (GUI). [2]Windows .O PC-DOS da IBM e o MS-DOS da Microsoft, dois sistemas quase idênticos, funcionaram nos PCs desde os anos 80 até meados dos anos 90, antes de serem substituídos pelo

111.2. ESTUDO DE ALGUMAS ORDENS

Desde a versão 5, a Microsoft fornece uma breve ajuda sobre os comandos do DOS. Para o fazer, escreva o nome do comando. Existe uma grande variedade de comandos no DOS. Mas nesta secção, vamos apresentar dez dos comandos DOS mais utilizados, que estão listados na tabela abaixo, juntamente com os nomes e detalhes de cada comando.

Nº	CONTROLO DE RETORNO	DESIGNAÇÃO E DETALHES DO O ORDEM
1	CLS	**Limpar o ecrã**: neste caso, o comando é utilizado por si só, sem qualquer opção
2	AJUDA	**Obter ajuda com os comandos do MS-DOS**. tambémtem o comando **nome_do_comando/?** ou **help nome_do_comando** para obter ajuda um encomenda especial. Exemplo: -help cd ou -cd/ ? produzem o mesmo resultado que o comando help **do CD**.
3	CÓPIA	Copia um ou mais ficheiros para outra localização. Primeiro, é necessário especificar o nome do ficheiro de origem e o caminho para o destino. A sintaxe é: **COPY** nome_do_ficheiro.extensão caminho para o destino
		Exemplo: d:\Copy gestão.pdf c:\mes ficheiros

[2] https://www.futura-sciences.com, consultado em 09/11/2013 às 00h56'

		Também pode utilizar o comando **copy *.* d**, que copia todos os ficheiros e diretórios e os coloca no disco D. Também pode utilizar o comando **MOVE** com os mesmos parâmetros.
4	DATA	Permite-lhe ver a data atual (dia / mês / ano) e modificá-la.
5	DEL	Utilizado para eliminar um ou mais ficheiros. A sintaxe é: **DEL** *nomes dos ficheiros ou diretórios a apagar*. Existem opções para este comando (/P /F /S /Q /A). Outra variante deste comando é **ERASE** *nomes dos ficheiros ou diretórios a apagar* ou **RD** *nome_da_pasta/S* para apagar diretórios.
6	DIR	Apresenta a lista de ficheiros e sub-diretórios de um diretório. Posicione o cursor no diretório atual e digite o comando **DIR.**ou em seguida digite **DIR** *nome_do_director* onde quer que o diretório esteja localizado. As opções sobre os atributos dos ficheiros podem ser encontradas no ficheiro de ajuda
7	SAIR	Sai do interpretador de comandos (CMD.EXE). existe também para este opções de encomenda.
8	FIND	Utilizado para procurar uma cadeia de caracteres em um ou mais ficheiros. Sintaxe: FIND cadeia de pesquisa Se possível, pode especificar a unidade ou disco em que a palavra de pesquisa pode ser encontrada, indicando o . São fornecidas de visualização.
9	FORMATO	Utilizado para formatar um disco para utilização com o Windows 2000. Sintaxe: FORMAT volume (obviamente com opções) onde volume significa a letra da unidade ou disco seguida de (**:**). Exemplo **FORMAT** g : (para o disco g)
10	RENOMEAR	Renomeia um ou mais ficheiros ou diretórios. Sintaxe : **RENOMEAR** [unidade ou disco] [caminho] nome_do_arquivo_antigo

		nome_do_arquivo_novo. O comando **REN** desempenha o mesmo papel que **RENAME**. De facto, é uma abreviatura de RENAME.

<u>NB</u>: dizer que estes comandos são os mais utilizados é subjetivo, porque nem todos o são. Tudo depende de quem os utiliza e com que objetivo. No entanto, os outros comandos (mais usados ou não) podem ser obtidos a partir do comando HELP na linha de comandos.

111.3. GESTÃO DE FICHEIROS E PASTAS DO MS DOS

Os dados armazenados no disco estão sob a forma de documentos chamados "ficheiros". Inicialmente, a palavra ficheiro significava "conjunto de ficheiros". Para os não iniciados, o termo é confuso porque, em informática, a palavra ficheiro é utilizada para designar um ÚNICO documento. "Ficheiro" e "Documento" são aqui sinónimos. Os documentos são agrupados em diretórios, também conhecidos como pastas.

Estas estão organizadas numa estrutura hierárquica em árvore. Cada diretório pode conter outros diretórios que, por sua vez, podem conter outros diretórios.

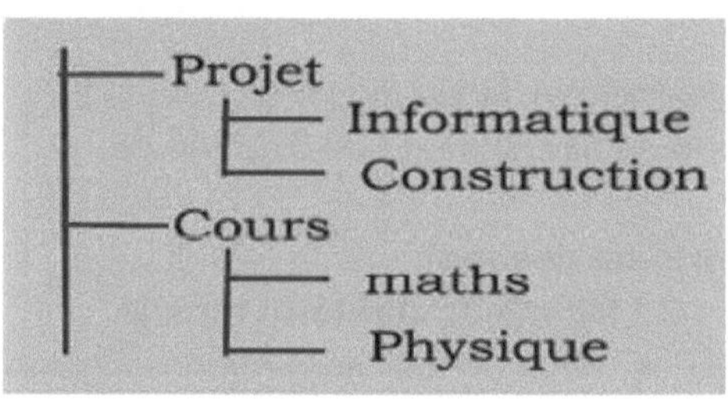

111.3.1. NOMES DE FICHEIROS E DIRECTÓRIOS

Os ficheiros e diretórios têm nomes que, no tempo do DOS, tinham o formato 8.3: oito caracteres seguidos de um ponto final e um máximo de três caracteres de extensão. Estas restrições desapareceram desde o Windows 95. Até são permitidos espaços nos nomes, que agora podem ser longos, mas estes espaços continuam a ser mal interpretados pelos comandos DOS. por comandos DOS.

O diretório raiz, o que se encontra na base do disco, não tem um nome. É designado pelo carácter de barra invertida '\'. O nome completo de um ficheiro é o seu nome precedido pelo caminho completo que permite que seja encontrado a partir do diretório raiz.

Exemplo :

C:\Cours\OS\Chap1.txt

111.3.2. ATRIBUTOS DO FICHEIRO

Os atributos são partes de informação que são armazenadas com o nome do ficheiro.

R só de leitura	Só de leitura. Protegido contra modificações
H oculto	Cache ou, mais exatamente, "máscara", uma vez que ainda é possível solicitar a sua visualização. (DIR /a)
Sistema S	Atributo reservado para determinados ficheiros sensíveis
Um arquivo	Atributo para organizar as cópias de segurança.

Este atributo é definido assim que o ficheiro é modificado. Os comandos de cópia de segurança podem ser eliminados assim que a cópia de segurança estiver concluída.

Estes atributos são visíveis no Windows nas propriedades do ficheiro, às quais se pode aceder clicando com o botão direito do rato no nome do ficheiro e escolhendo "Propriedades" no menu de contexto.

III.3.3.OPERAÇÕES DE DIRECTÓRIO

Os comandos mais importantes para os diretórios são :

MD (Criar diretório); PATH; CD (Diretório atual), JOIN; TREE; DELTREE (Apagar árvore); SUBST; CHDIR; MOVE; XCOPY.

1. ACESSO A DIRECTÓRIOS

Para aceder a um diretório ou sub-diretório, basta digitar o comando "CD" ou "CHDIR" seguido do nome do diretório ou sub-diretório de destino.

Sintaxe: **C:\>CD[Nome do diretório de destino]**

A linha de comandos passa a ser: **C:\ [Nome do diretório atual]>.**

Se pretender aceder a subdirectórios, deve aceder ao diretório principal através dos diretórios secundários, passo a passo, executando o comando CD com a sintaxe acima, ou aceder diretamente aos diretórios secundários escrevendo todos os diretórios (diretório principal, subdirectórios intermédios e o subdiretório de destino) numa única linha de comando, da seguinte forma

C :\>CD\[Nome do diretório pai]\[Nome do subdiretório]\ [Nome subdiretório de destino]

Para passar de um diretório atual para o diretório principal, :

C:\[Nome do diretório atual]>CD...

Se estiver em subdirectórios e quiser sair deles para ir diretamente para o diretório raiz do disco rígido ou da disquete, basta digitar o seguinte comando:

C:\[Diretório/subdiretório atual]>CD

Para ir de um diretório para outro sem passar pelo diretório raiz, digite o comando da seguinte forma:

C:\[Nome do diretório atual]>CD\[Nome do diretório de destino]

2. CONTEÚDO DO DIRECTÓRIO DE VISUALIZAÇÃO E OS SEUS ARBORESCÊNCIA

Para visualizar o conteúdo de um diretório, utilize o comando "DIR" e as suas opções. Para visualizar a estrutura em árvore de um diretório, utilize o comando "TREE" e as suas opções.

2.1. O comando DIR

Para visualizar o conteúdo do diretório raiz de um disco rígido, digite o comando seguinte:

C:\>DIR

A opção /P permite-lhe visualizar a lista de ficheiros e diretórios ecrã a ecrã, premindo qualquer tecla do teclado.

C:\>DIR/P

O interrutor /W é utilizado para apresentar a largura total do ecrã em cinco colunas.

C:\>DIR/W

2.2. O comando TREE

Para obter a árvore de diretórios, utilize o comando
ÁRVORE.

A árvore de diretórios raiz do disco rígido é criada digitando :

C:\>ÁRVORE

E para o visualizar ecrã a ecrã, digite o comando que se segue:

C:\>TREE |MORE

3. CRIAR UM DIRECTÓRIO

Os diretórios são criados utilizando o comando "MD" ou "MKDIR" com a seguinte sintaxe:

C:\>MD [Nome do diretório]

A criação de um subdiretório é feita da mesma forma que para um diretório, basta fazer o prompt no diretório atual onde deseja inserir um subdiretório.

Eis alguns exemplos:

O diretório MUSICAL é criado no disco rígido (tal como numa disquete) da seguinte forma:

C:\>MD MUSICAL

Para criar subdiretórios, por exemplo CLASSIC e JAZZ, no diretório

MUSICAL, é necessário primeiro acessá-los digitando :

C:\>CD MUSICAL

Em seguida, crie os subdirectórios, um a um, da seguinte forma: C:\MUSICAL>MD CLASSIC Depois C:\MUSICAL>MD JAZZ

Para aceder a uma destas sub-diretorias, basta digitar o comando CD a partir do diretório MUSICAL atual, como descrito acima.

4. ELIMINAR OU APAGAR UM DIRECTÓRIO

Uma diretoria só pode ser eliminada a partir da diretoria-mãe diretamente ascendente.

O comando RD só pode apagar um diretório se os seus diretórios filhos e todos os seus ficheiros forem apagados primeiro.

Sintaxe: C:\>RD [Nome do diretório]

O comando DELTREE apaga os diretórios, os subdirectórios e todos os ficheiros. É por isso que ele é seguido, após a execução, por uma mensagem de confirmação de exclusão. O comando DELTREE também pode ser utilizado para apagar todos os diretórios de uma unidade de disco, basta digitar :

C:\>DELTREE *.*

Exemplo: suponha que pretende apagar um subdiretório de MUSICAL, por exemplo, CLASSIC. É claro que tem de estar no diretório MUSICAL atual.

Em seguida, digite o comando da seguinte forma:

C:\MUSICAL>DELTREE CLASSIC

Utilize o comando RD para aceder à sub-diretoria CLASSIC e apagar todos os seus ficheiros. Terá então de voltar ao diretório principal, MUSICAL, para apagar o subdiretório CLASSIC:

C:\MUSICAL\RD CLASSIC

5. MUDAR O NOME DE UM DIRECTÓRIO

Um diretório só pode ser renomeado a partir do diretório principal. Para mudar o nome de uma diretoria ou sub-diretoria, utilize o comando MOVE seguido do nome da diretoria a alterar e do novo nome pretendido.

A sintaxe é a seguinte:

C:\>MOVE [Nome do diretório antigo] [Nome do novo diretório]

Exemplo:

Para renomear o diretório MUSICAL para MUSIC, digite o comando a partir do diretório raiz, da seguinte forma :

C:\>MOVER MÚSICA MUSICAL

No entanto, existe outra forma de renomear um diretório. Após o comando MOVE, utilize a unidade de disco e o destino do nome antigo seguidos da unidade de disco e do destino do nome do novo diretório, respeitando a concordância.

Exemplo:

Para mudar o nome do diretório CLASSIC no diretório principal MUSICAL para CLASIC, sendo a linha de comandos atual a do diretório raiz, digite :

C:\>MOVE C:\MUSICAL\CLASSIC C:\MUSICAL\CLASIC

III.3.4. OS DIFERENTES COMANDOS SOBRE OS FICHEIROS

Os comandos relativos aos ficheiros são :

ATTRIB ; COMP ;COPY ; DEL ; DIR ;ERASE, EXE2BIN;EXPAND;FC;FIND,MOVE; MSBACKUP; PATH; PRINT; REN; RENAME; REPLACE; RESTORE; SYS; TYPE; XCOPY.

N.B: Não existe nenhum comando para criar ficheiros em MS-DOS. No entanto, o MS-DOS dispõe de um editor de texto que permite a criação de ficheiros de texto. Os ficheiros só podem ser criados através de software (tratamento de texto, linguagem de programação, etc.).

Como posso visualizar ficheiros de unidades de disco?

Para visualizar os ficheiros contidos nas unidades de disco, é necessário utilizar o comando DIR e os seus comutadores.

Sintaxe: **C:\>DIR[switch] [Unir disco]:**

Exemplo:

Para visualizar o conteúdo dos ficheiros do diretório raiz de uma disquete e dos seus diretórios pais, se existirem, coloque a disquete de destino na unidade e escreva:

C:\>DIR A: Ou no prompt A:, digite : C:\>A: e depois: A:\>DIR

Ou, se a disquete contiver muitos ficheiros: A:\>DIR/P

Copiar ficheiros

Copiar ficheiros significa duplicar ficheiros selecionados noutra localização. Os ficheiros são copiados utilizando o comando COPY.

Para copiar um ficheiro, basta especificar o seu nome, a extensão e o destino , a seguir ao nome do comando COPY.

Sintaxe: **C:\>COPY[Nom.extension] [Unite disque]:\ [Destination]**

Exemplo 1:

Para copiar o ficheiro MOZART.TXT, situado no sub-diretório Classic de Musical no disco rígido, para o diretório principal "Music" na disquete, digite :

C:\MUSICAL\CLASSIC>COPY MOZART.TXT A:\MUSIQUE

Exemplo2 :

Para copiar o mesmo ficheiro, MOZART.TXT, para o diretório raiz do seu disco rígido, digite :
C:\MUSICAL\CLASSIC>COPY MOZART.TXT C:\

Como copiar um grupo de ficheiros ou todos os ficheiros de um diretório

Para copiar todos os ficheiros ou um grupo de ficheiros de um diretório, utilize os wildcards do MS-DOS com o comando COPY seguindo a sua sintaxe.

Por exemplo:

Para copiar todos os ficheiros do diretório DOS para o diretório raiz do disco rígido, digite: **C:\DOS>COPY *.* C:**

Por exemplo:

Para copiar ficheiros .EXE do diretório DOS para o diretório raiz de uma disquete, digite:
C:\DOS>COPY *.EXE A:

Por exemplo:

Para copiar todos os ficheiros do diretório DOS cujo nome começa por "MS" para o diretório raiz do disco rígido, digite :
C:\DOS>COPY MS*.* C:\

CAPÍTULO IV

JANELAS

IV.1.APRESENTAÇÃO (EXPLORADOR DO WINDOWS, AMBIENTE DE TRABALHO, ESTAÇÃO DE TRABALHO, CAIXOTE DO LIXO)

IV.1.1.WINDOWS EXPLORER

O Windows *Explorer* é a aplicação utilizada nas versões modernas do sistema operativo Windows para visualizar, explorar e utilizar ficheiros e diretórios. [3]Microsoft Windows .O Windows Explorer, que originalmente estava completamente separado do navegador Internet Explorer, surgiu com o Windows 95 como substituto do antigo gestor de ficheiros

O Windows Explorer tem uma função de pesquisa de ficheiros na rede de computadoreslocal . O Explorer também apresenta o ambiente de trabalho do Microsoft Windows, incluindo a barra de tarefas e o menu Iniciar.

Exemplos de atalhos comuns do explorador :

- *explorer.exe /e,C:* Apresenta o conteúdo da unidade C: e o painel do explorador de pastas
- *explorer %WINDIR%*: abre o diretório do windows diretamente no windows explorer.
- *explore %USERPROFILE%*: abre diretamente o diretório do utilizador atual: (predefinição : *C:\Documentos e Definições\%USERNAME%*)
- *(Tecla Windows) + E*: abre o Meu computador diretamente no Explorador do Windows
- *(tecla Windows) + D*: reduz todas as aplicações em execução para apresentar o ambiente de trabalho
- *(tecla Windows) + R* : abre a caixa de diálogo: execução de tarefas
- *(tecla Windows) + L*: bloqueia a sessão do utilizador atual

IV.1.2 ESCRITÓRIO

O ambiente de trabalho é composto por uma imagem de fundo, também conhecida como "Ambiente de Trabalho", a Reciclagem, o Explorador de Ficheiros e vários atalhos (para os seus programas, ficheiros e pastas). Dá-lhe acesso rápido aos seus programas favoritos, bem como a todo o seu computador através do Explorador (também conhecido como "O meu computador"). O Windows oferece uma vasta gama de opções de personalização do ambiente de trabalho.

O ambiente de trabalho é composto pelo ***fundo***, ***os ícones,*** o ***menu***

[3] https://www.techno-science.net, consultado em 09/11/2023 às 02h38

Iniciar e a ***barra de tarefas***. Vamos ver para que servem estes elementos.

- O **fundo do ecrã** permite-lhe apresentar a imagem ou fotografia da sua escolha.
- **Os ícones** dão-lhe acesso aos elementos essenciais do Windows (a Reciclagem, o Explorador de Ficheiros, etc.), bem como aos seus programas favoritos.
- **A barra de tarefas** apresenta o menu Iniciar, permite pesquisar no computador, apresenta os programas favoritos e os programas abertos, e apresenta informações do sistema através da zona de acesso rápido (data, hora, estado da ligação à Internet, nível da bateria, proteção antivírus, etc.) e notificações (actualizações a instalar, etc.).

A. ÍCONES DE SECRETÁRIA

Existem vários ícones no ambiente de trabalho: a Reciclagem, o Explorador (também designado por O meu computador) e vários atalhos para os seus programas favoritos. Para abrir um programa, ficheiro ou pasta no ambiente de trabalho, faça duplo clique no respetivo ícone.

Para criar um atalho no ambiente de trabalho para um ficheiro ou pasta, basta fazer o seguinte: clicar com o botão direito do rato no ficheiro ou pasta/Enviar para o ambiente de trabalho (criar um atalho).

B. AMBIENTES DE TRABALHO VIRTUAIS: TRABALHAR COM VÁRIOS AMBIENTES DE TRABALHO

Pode criar vários ambientes de trabalho no Windows 11, clicando no ícone de gestão do ambiente de trabalho à direita do ícone de pesquisa na barra de tarefas. Isto é útil se estiver a executar várias tarefas ou se utilizar o PC para fins pessoais e profissionais. Pode, por exemplo, criar um ambiente de trabalho adicional que será utilizado apenas para tarefas pessoais.

Note que os ícones serão apresentados da mesma forma nos diferentes ambientes de trabalho criados. No entanto, uma aplicação aberta no ambiente de trabalho 1 não será apresentada no ambiente de trabalho 2, que é o objetivo dos ambientes de trabalho virtuais. A gestão de ambientes de trabalho virtuais também existe no Windows 10.

C. ACEDER AO DESKTOP A PARTIR DA BARRA DE TAREFA

(Windows 11)

Se estiver a trabalhar com várias janelas abertas e pretender visualizar rapidamente o ambiente de trabalho, clique na extremidade direita da barra de tarefas:

D. ADICIONAR PASTAS AO AMBIENTE DE TRABALHO

Adicionar uma nova pasta ao ambiente de trabalho não podia ser mais fácil! **Clique com o botão direito do rato na área de trabalho e selecione Nova >Pasta.** Tudo o que tem de fazer é dar-lhe um nome e movê-la para onde quiser.

Para criar uma nova pasta, selecione **Nova->Pasta** :

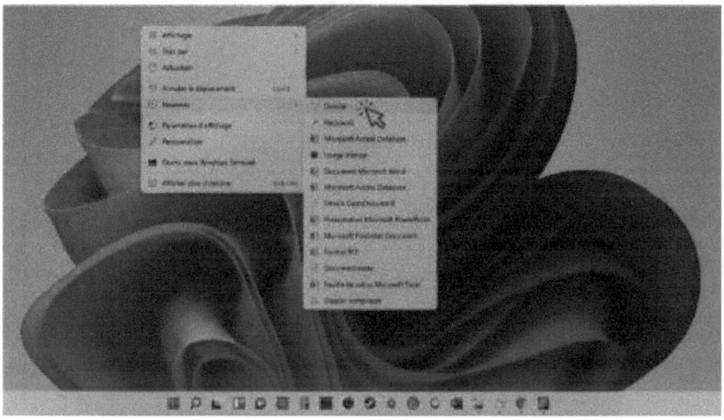

E. ORGANIZAR, CRIAR E APAGAR ÍCONES

Para organizar os seus ícones (atalhos, ficheiros ou pastas no ambiente de trabalho), **desloque-os mantendo premido o botão esquerdo do rato. Solte-o quando necessário.** O ícone movido será automaticamente alinhado "na grelha invisível". Crie pastas e mova os ícones desejados para as mesmas, arrastando o ícone para a pasta e soltando o rato.

Para apagar um ícone, clique com o botão direito do rato sobre ele e selecione "Apagar". Também pode selecionar um ícone clicando nele uma vez e premindo a tecla "Delete" no teclado.

Também pode guardar ficheiros no ambiente de trabalho, mas é aconselhável não o encher de ficheiros e pastas, pois isso pode tornar o computador mais lento. No ambiente de trabalho, o ideal é manter apenas atalhos!

F. MUDAR A IMAGEM DO ESCRITÓRIO

Para alterar a imagem de fundo do ambiente de trabalho, **clique com o botão direito do rato no ambiente de trabalho e selecione "Personalizar". Em seguida, clique em "Procurar" e selecione a imagem ou fotografia pretendida.** Pode então centrar ou expandir a nova imagem utilizando o menu pendente "Escolher um tamanho". Vamos dar uma olhadela.

Clique com o botão direito do rato em **"Personalizar"**:

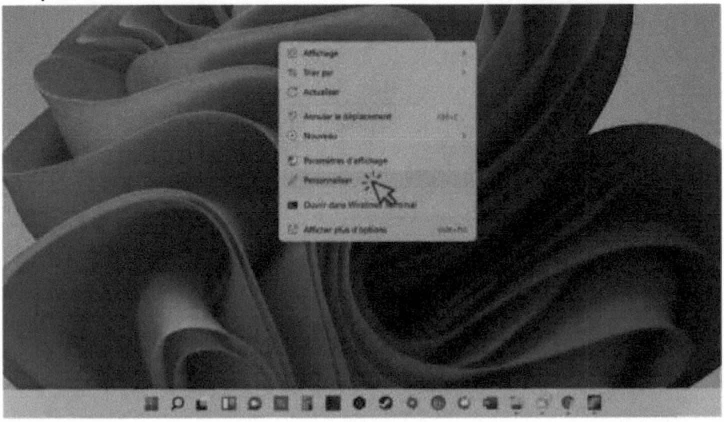

Em seguida, clique em "**Fundo**":

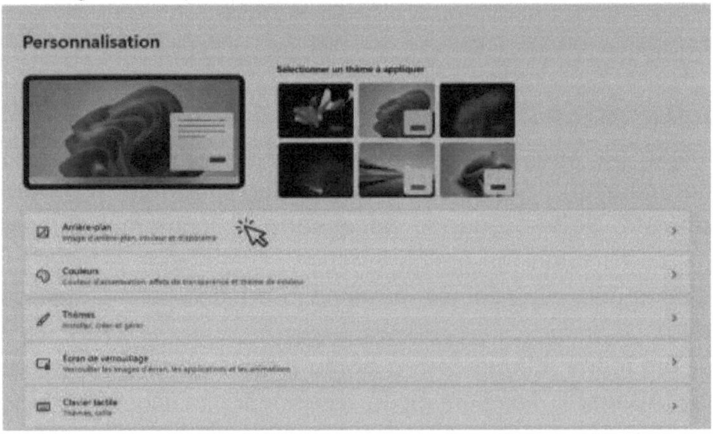

Por fim, clique em "**Procurar fotografias**" para selecionar a fotografia da sua preferência:

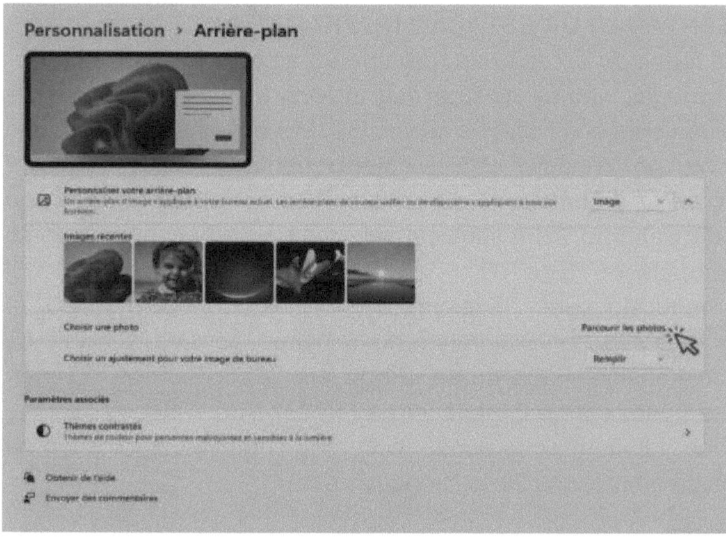

Outra forma de alterar o fundo do ambiente de trabalho é ir à pasta da sua escolha no Explorer, por exemplo, a pasta "As minhas imagens", e clicar com o botão direito do rato na fotografia que pretende. Em seguida, selecione **"Escolher como fundo do ambiente de trabalho".**

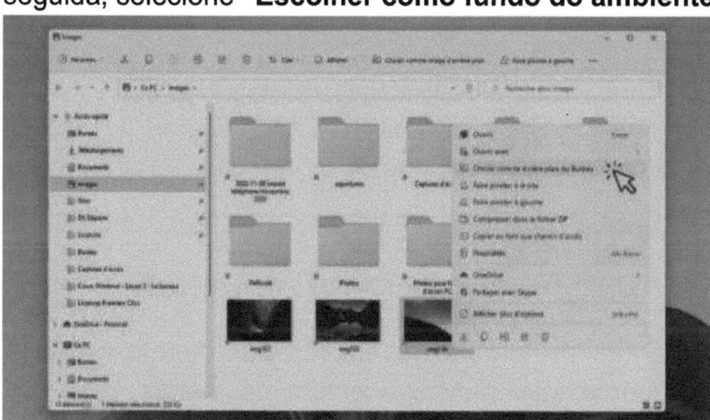

O novo back-plan já está a funcionar!

IV.1.3.ESTAÇÃO DE TRABALHO (EXPLORADOR DE FICHEIROS)

Uma estação de trabalho permite o acesso a todos os ficheiros de um computador. Também dá acesso a todas as unidades e periféricos: disco rígido, disco rígido externo, unidade de CD/DVD, chave USB, cartão SD, smartphone, etc.

Também permite gerir todos os seus ficheiros: mover, copiar, apagar, renomear, pesquisar e ordená-los.

1. APRESENTAÇÃO DA ESTAÇÃO DE TRABALHO

A. Exibir o ícone da estação de trabalho no ambiente de trabalho

Em primeiro lugar, vamos mostrar este prático ícone que lhe permite aceder rapidamente aos ficheiros no seu PC. Por defeito, este ícone não está presente no Windows. Vá a **"Menu Iniciar" / "Definições" / "Personalizar" / "Tema"** e clique em **"Personalizar ícones do ambiente de trabalho"**. Em seguida, selecione a caixa correspondente a O meu computador, "Este PC".

Também conhecido como "Explorador de ficheiros", dependendo da versão do Windows, o Explorador de ficheiros abre-se a partir do ambiente de trabalho. **Faça duplo clique em "Este PC" ou "O meu computador"** para abrir o Explorador de Ficheiros do Windows. Se não vir este ícone, também pode aceder a O meu computador clicando na pequena pasta amarela na parte inferior do ecrã.

B. Existem duas áreas principais no Explorador de Ficheiros: o menu lateral, à esquerda, que mostra a árvore de pastas e permite navegar rapidamente para uma unidade ou pasta, e a área de visualização, à direita, que mostra o conteúdo de uma unidade ou pasta:

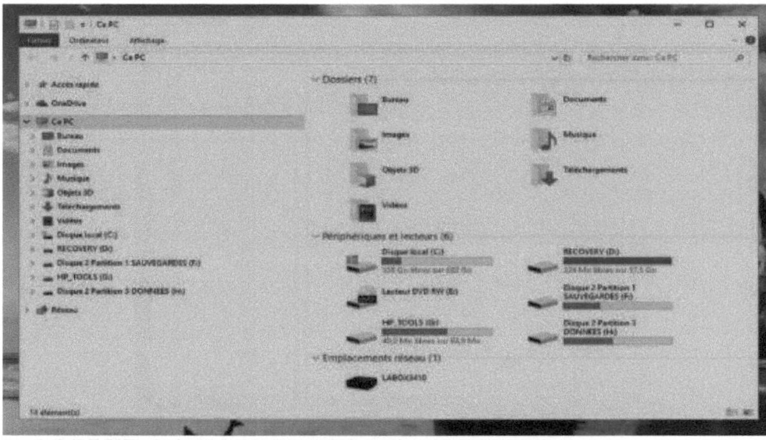

2. ACEDER A UMA UNIDADE OU DISPOSITIVO

No menu de navegação lateral, **clique em "Este PC"** para visualizar todas as unidades e periféricos ligados ao seu computador (pen USB, cartão SD, disco rígido externo, etc.). **Em seguida, faça duplo clique na unidade escolhida** para visualizar o seu conteúdo. Também pode utilizar apenas o menu do lado esquerdo para procurar **pastas.**

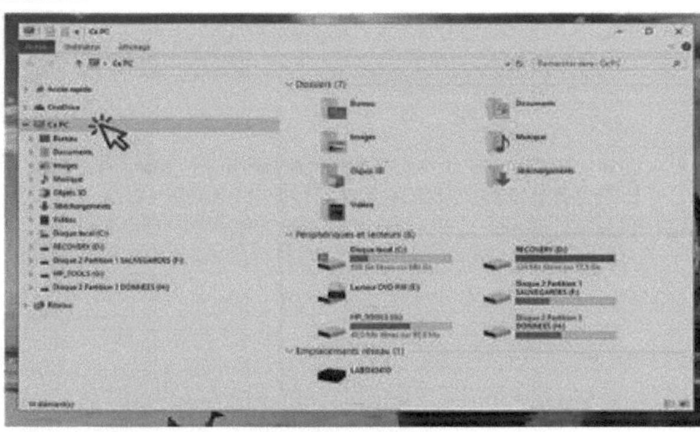

3. ACEDER A FICHEIROS E PASTAS

Existem duas formas de aceder a ficheiros e pastas. Pode aceder à pasta de destino **fazendo duplo clique nas unidades e pastas**, ou pode **utilizar a árvore do menu lateral**, como se mostra abaixo.

Neste exemplo, vamos mostrar as pastas no "Disco C:" utilizando o menu lateral. **Clique em "Este PC"** no lado esquerdo do Explorer:

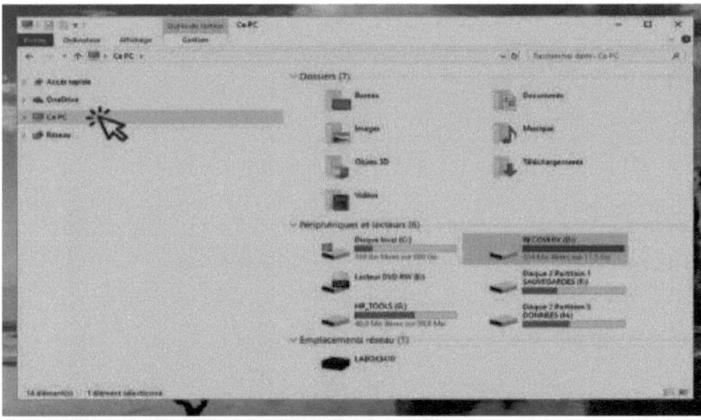

A árvore informática desenrola-se então:

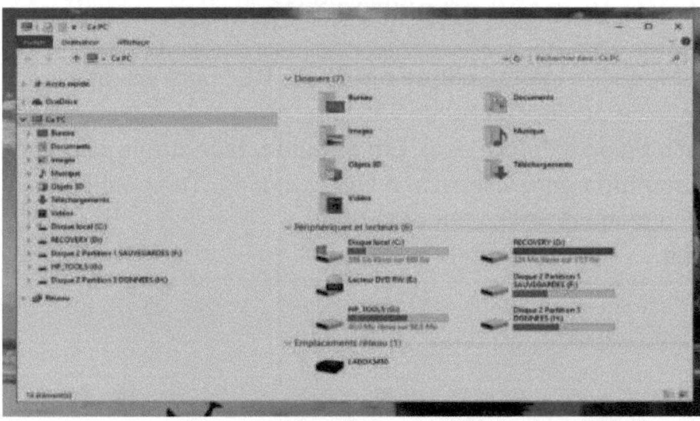

Em seguida, clique em "Disco local (C:)". :

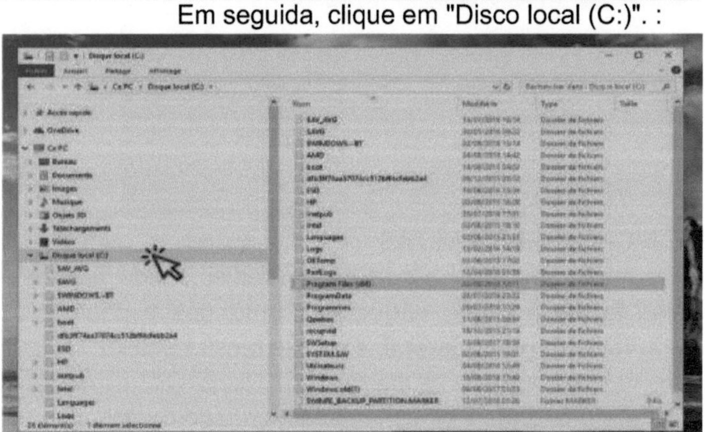

E desdobre as pastas até chegar à pasta da sua escolha.
O seu conteúdo será então apresentado no lado direito do Explorer.

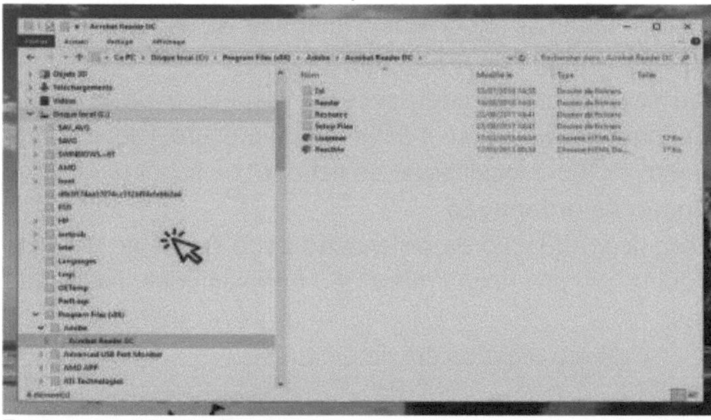

Para navegar no Explorer, por exemplo, para retroceder, utilize as duas setas de navegação no canto superior esquerdo da janela:

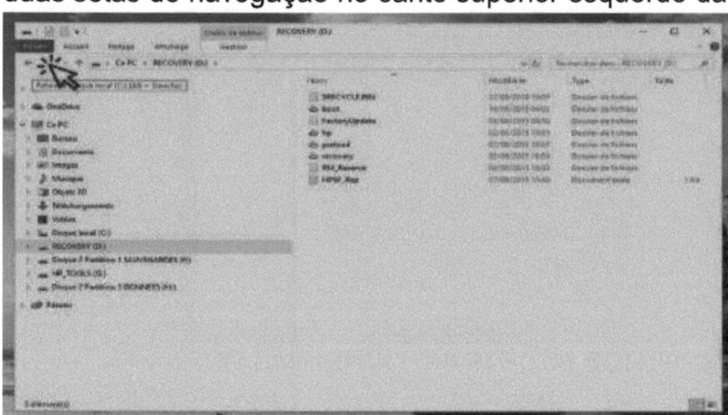

É fácil **aceder às suas "pessoais"** a partir do Explorador de Ficheiros, **porque estas pastas estão diretamente acessíveis a partir do menu lateral: "Documentos", "Imagens", "Música", "Transferências".** Procure também o separador "**Acesso rápido"** na parte superior do menu de navegação lateral, que lhe dá acesso rápido às pastas abertas recentemente.

4. PROCURAR FICHEIROS NO SEU COMPUTADOR

Para localizar um ficheiro ou pasta no seu computador, o Explorer tem uma função de pesquisa no canto superior direito da janela. **Introduza o nome do ficheiro que pretende procurar no campo de pesquisa e o Windows encontrará automaticamente o ficheiro**.

A. Mostrar todos os ficheiros do mesmo tipo

Se pretender procurar todos os ficheiros do mesmo tipo, introduza

*.filetype
Exemplos: para visualizar todos os ficheiros MP3 no computador, digite *.mp3 Para visualizar todas as fotografias e imagens, digite *.jpg

B. Mostrar a pasta principal de um ficheiro

Encontrou o seu ficheiro e pretende aceder à respectiva pasta? Para aceder à pasta principal que contém o ficheiro que procura, clique com o botão direito do rato -> "Abrir localização do ficheiro" no ficheiro.

C. Utilizar a função de ordenação

Durante uma pesquisa, a função de ordenação pode ser muito útil para alterar a forma como os itens encontrados são apresentados, facilitando assim a pesquisa.

Este é o tema do próximo capítulo.

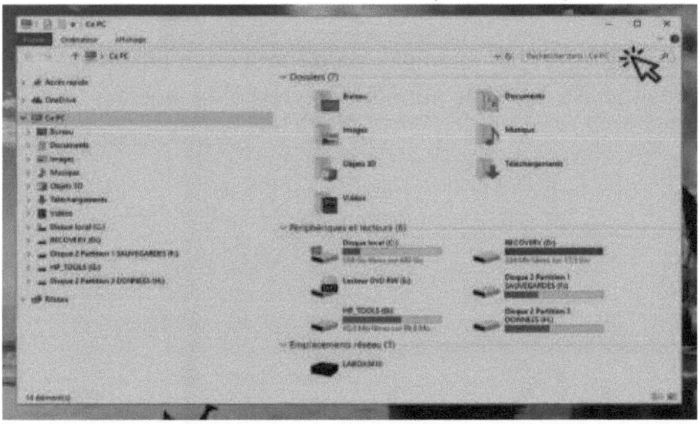

5. ORDENAR FICHEIROS (MOSTRAR FICHEIROS POR ORDENAÇÃO)

Pode ordenar os ficheiros de uma pasta por nome, tamanho, data, tipo... Para utilizar a opção de ordenação, **deve primeiro ativar o modo de visualização "Detalhes"**, clicando no menu "Ver" e depois em "Detalhes". **Pode agora ordenar os seus ficheiros clicando no separador pretendido**. Por exemplo, clique uma vez no separador "Nome" e todos os seus ficheiros serão apresentados por ordem alfabética. **Para alterar a ordem de ordenação, clique no separador uma segunda vez**.

Também pode ordenar os seus ficheiros e pastas utilizando a função Menu "Ordenar por" junto aos modos de visualização (clique primeiro em "Ver" para aceder ao ícone de ordenação).

Vamos dar uma olhadela. **Clique em "Detalhes"** no menu **"Mostrar**:

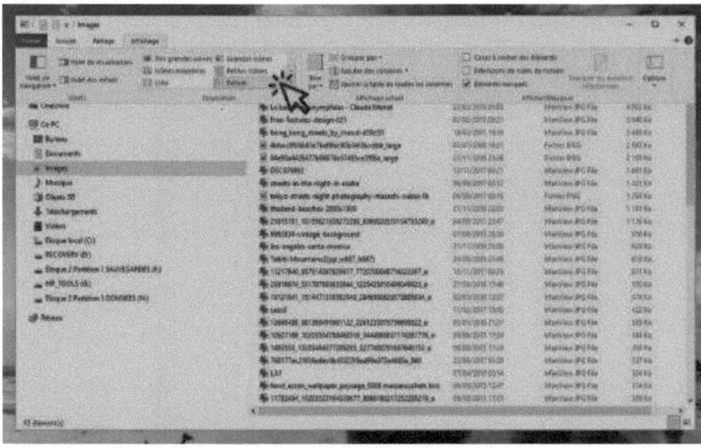

Em seguida, clique no separador "desejo". Aqui, ordenámos por tamanho :

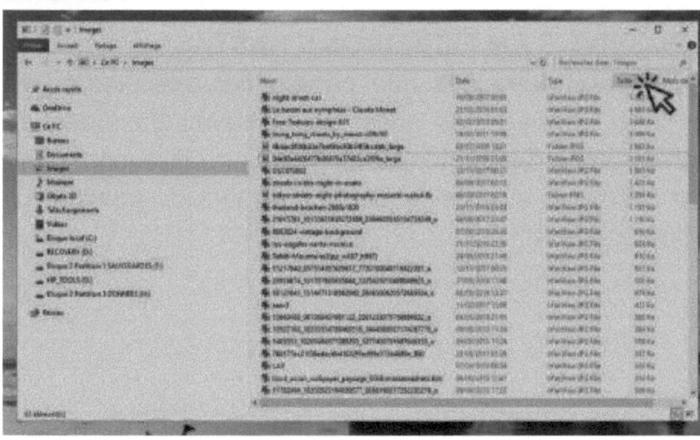

Também pode aceder à função de ordenação **através do menu "Ver"**:

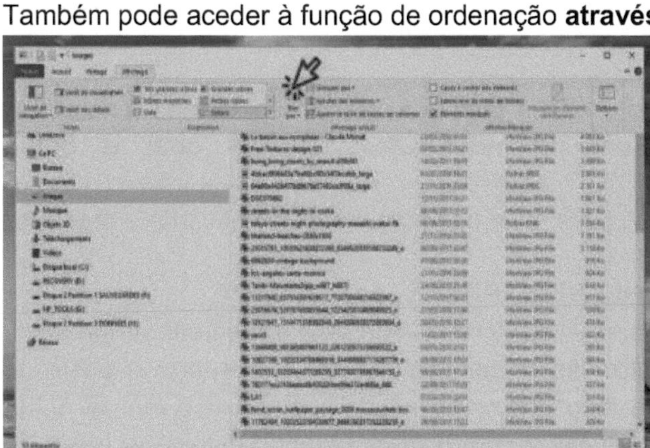

Para **aceder à pasta do elemento encontrado**, clique com o botão direito do rato em

o :

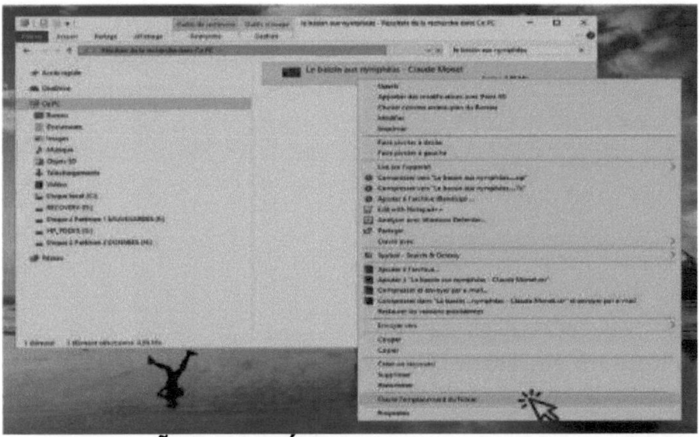

6. OPERAÇÕES POSSÍVEIS EM FICHEIROS E PASTAS

Vamos listar as principais operações que podem ser executadas em ficheiros e pastas. São quase todas acessíveis através do menu de contexto (clique com o botão direito do rato num ficheiro ou pasta), mas também podem ser utilizadas através de atalhos de teclado (consulte o separador Cortar-Copiar-Colar).

- Mover
- Cópia
- Eliminar
- Mudar o nome
- Criar um atalho
- Enviar para um dispositivo
- Comprimir
- Imprimir

O menu de contexto também pode ser utilizado dentro da janela, **por exemplo, para adicionar uma nova pasta: "Clique com o botão direito do rato**

> "Novo" -> "Pasta". Para mais informações, consulte Criar e organizar pastas!

A. MOVER UM FICHEIRO OU PASTA

Para mover um ficheiro do Explorer, clique nele e mantenha-o premido. Mova-o para a localização pretendida depois de preparar a pasta de destino no menu do lado esquerdo (a pasta de destino tem de estar visível para a poder alcançar com o rato). Quando estiver na pasta de

destino, solte o clique. O ficheiro será movido.
Se pretender mover um ficheiro **para uma unidade diferente, o Windows fará uma cópia, não uma transferência**. Terá então de utilizar cortar e colar para mover o ficheiro.
O mesmo se aplica aos ficheiros.

B. ALTERAR A FORMA COMO OS FICHEIROS E AS PASTAS SÃO APRESENTADOS

Como vimos anteriormente, é possível alterar a forma como os ficheiros e as pastas são apresentados. **Qual é o objetivo?** Por exemplo, é mais agradável ter uma vista de miniaturas das suas fotografias do que uma lista de ficheiros, que é menos informativa.
Para alterar a visualização da pasta aberta, **clique no botão**
Clique em "Visualizar" e selecione o modo de visualização que preferir. Basta passar o rato sobre um modo de visualização para obter uma pré-visualização instantânea do resultado. Pode parametrizar cada pasta com um ecrã diferente, o que é muito prático!
Também pode utilizar o atalho **"Ctrl" + Roda do rato** para alterar a forma como os ficheiros são apresentados no seu Explorador. Para ver exemplos de como fazer isto em imagens, vá a Modificar a apresentação dos ficheiros e pastas da disciplina no Windows.

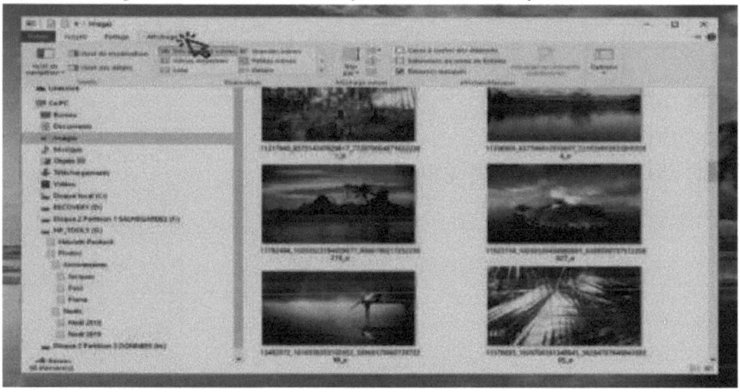

IV.2.SOFTWARE DE APLICAÇÃO

IV.2.1.DEFINIÇÃO

[4]O software de aplicação é um software concebido para resolver um problema específico.

IV.2.2.ROLE

O software de aplicação é utilizado para gerir programas concebidos

[4] https://www.marche-public.fr, consultado em 09/11/2023 às 02h58".

para uma determinada tarefa.

O software **envia os dados para o sistema operativo**, que os armazena num suporte (o disco rígido).

Exemplos de software de aplicação	**Tarefas específicas**
Word, Pages, WordPad	Processamento de texto
Excel, Numbers, Quattro Pro	Folha de cálculo e folhas de cálculo electrónicos
PowerPoint, Keynote, CorelFLOW	Apresentação, Edição audiovisual
Photoshop, Paint ShopPro, Adobe Ilustrador	Processamento de imagens
Outlook, Mail, Thunderbird	Gestão de correio eletrónico
Acesso	Base de dados

IV.2.3.TIPOS

Tipos de software de aplicação :

- Software de processamento de texto. Este software permite aos utilizadores criar e editar documentos. ...
- Software de base de dados. ...
- Folhas de cálculo
- Multimédia
- Software de apresentação
- Software empresarial
- Trabalhador da informação de software
- Software educativo.

CAPÍTULO V

ARRANQUE DO COMPUTADOR

Para iniciar um computador, basta premir o botão de alimentação localizado no computador. Dependendo do modelo, este botão pode estar localizado na parte frontal, na parte superior ou num dos lados, no caso dos mainframes convencionais. Para as chamadas unidades centrais tudo-em-um, este botão pode estar localizado na frente, num dos lados, por baixo ou mesmo atrás do dispositivo.

V.1.LIGAÇÃO DOS PERIFÉRICOS À UNIDADE CENTRAL (ver computador fixo)

V.1.1.DEFINIÇÕES :

[5]Um periférico: Um periférico é uma peça de hardware de computador que se liga a um computador.

Uma unidade central de processamento: Em informática, a unidade central de processamento refere-se à caixa, normalmente grande e retangular, que acompanha um computador. [6]Esta caixa contém componentes que são essenciais para o funcionamento correto do computador.

[5] https://cours-informatique-gratuit.fr, consultado em 10/11/2023 às 02:06'.

[6] https://www.futura-sciences.com, consultado em 10/11/2023 às 02:07'.

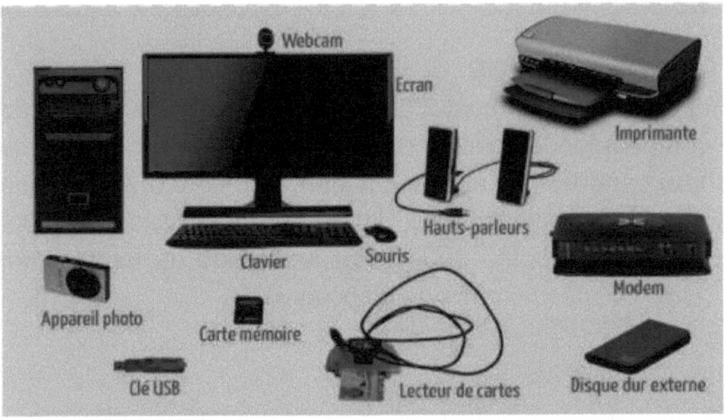

Um **ecrã** apresenta o conteúdo do computador.

Um **teclado** e um rato são essenciais para comunicar com o computador.

Estão disponíveis **altifalantes** para ouvir ficheiros de som. Alguns ecrãs têm altifalantes incorporados.

Uma **webcam** é uma pequena câmara que pode ser colocada num computador para filmar imagens e transferi-las para o computador. Também pode ser integrada no ecrã do computador.

Uma **impressora** é utilizada para imprimir ficheiros em papel. Algumas impressoras também têm uma função de **"scanner"** que converte uma página de "papel" num ficheiro legível por computador.

Um **modem** é uma pequena caixa utilizada para ligar à Internet.

Um **disco rígido externo** é um disco rígido numa caixa robusta que se liga a um computador através de USB. Pode ser utilizada para fazer cópias de segurança de dados do seu computador ou para gravar ficheiros maiores (filmes) e transportá-los.

Uma **chave USB** e um cartão de memória podem ser utilizados para armazenar dados num dispositivo pequeno e portátil. Os cartões de memória são geralmente concebidos para serem colocados em câmaras, smartphones, etc.

O **leitor de cartões** permite que um computador leia informações contidas em cartões, como cartões de identificação e cartões de memória.

CLASSIFICAÇÃO DOS PERIFÉRICOS

Os periféricos são frequentemente divididos em duas categorias:

. **Periféricos de entrada**: utilizados para fornecer informações (ou dados) ao sistema informático. Exemplos: teclado, rato, scanner, webcam, microfone.

. **Periféricos de saída**: utilizados para emitir informações a partir do sistema informático. Exemplos: ecrã, impressora, auscultadores.

Existem também **periféricos de entrada e de saída**, que podem ser utilizados para fornecer informações, mas também para emitir informações do computador. Exemplos: pen USB, cartão de memória, modem, etc.

V.2. ABRIR O COMPUTADOR

Ver como começar

V.3. LANÇAMENTO DE UM PROGRAMA

Se quiser utilizar um programa no seu computador Windows equipado com MS, tem de o abrir primeiro. Se não estiver familiarizado com o funcionamento do seu computador ou se tiver atualizado recentemente o seu sistema operativo a partir de uma versão muito antiga, poderá ter dificuldade em localizar o programa que pretende utilizar. Felizmente, existem três passos muito simples para encontrar e abrir um programa no seu computador, que são fáceis de seguir.

1. Vá até ao botão "**Iniciar**" e clique nele. Está localizado numa das extremidades da barra de tarefas. Esta é a barra que permanece no computador e mostra os programas atualmente abertos. Pode estar na parte inferior do ecrã, na parte superior do ecrã ou no lado esquerdo ou direito do ecrã.
2. Desloque-se para baixo até "**Todos os programas**" e aguarde que o menu do programa apareça. Se já tiver utilizado o programa, este pode também estar localizado algures na linha acima da opção "Todos os programas". Normalmente, existem seis a nove programas utilizados recentemente que se encontram aqui.
3. Localize o programa que pretende abrir e clique nele. Dependendo do local onde o programa pretendido está guardado, poderá ter de procurar nos menus secundários. Por exemplo, se pretender utilizar a calculadora, terá de ir primeiro a "Acessórios" e, em seguida, localizar a calculadora no menu de contexto secundário.

V .4.FECHAR UM PROGRAMA

Para fechar uma aplicação num PC com Windows, pode clicar no botão "X" no canto superior direito da janela do programa ou utilizar o atalho de teclado "Alt+F4". Quando clica no botão "X", o programa pergunta-lhe se pretende guardar as alterações que fez antes de fechar. Se optar por guardar, o programa fechará depois de as alterações terem sido guardadas. Se optar por não guardar, o programa fecha-se imediatamente.

FECHAR UM PROGRAMA SEM O RATO

Se o rato não funcionar, pode sempre fechar um programa aberto utilizando o teclado. Para o fazer, prima 'Alt+Tab' para ir para o programa que pretende fechar e, em seguida, prima 'Alt+F4' para o fechar. Se tiver mais do que um programa aberto, pode utilizar a tecla 'Tab' para alternar entre eles.

SAIR DE TODAS AS APLICAÇÕES ABERTAS NUM COMPUTADOR

Se tiver vários programas abertos e quiser fechá-los todos de uma vez, pode utilizar o atalho de teclado "Ctrl+Alt+Delete". Isto abrirá o Gestor de Tarefas, onde pode ver todos os programas em execução no seu PC. Para fechar todas as aplicações abertas, clique em "Terminar tarefa" para cada programa.

ENCERRAR UM PROGRAMA QUE PAROU

Se um programa deixou de responder ou de funcionar, pode utilizar o Gestor de Tarefas para o fechar. Para o fazer, prima "Ctrl+Shift+Esc" para abrir o Gestor de Tarefas. Em seguida, localize o programa que parou no separador "Processos" e clique em "Terminar tarefa" para o fechar.

CAPÍTULO VI

GESTÃO DE FICHEIROS E DOCUMENTOS NO WINDOWS

VI .1.NOÇÃO DE FICHEIRO E PASTA

É frequente falarmos de ficheiros e pastas quando utilizamos um computador. Mas estes termos básicos podem parecer obscuros quando se está a iniciar na informática, ou quando a utilização de um computador se limita a fazer algumas pesquisas, trocar mensagens ou ver vídeos.

O que é um ficheiro e o que é uma pasta?

Um ficheiro pode ser um vídeo, uma fotografia, uma música ou um documento que será armazenado num computador, numa chave USB, num CD, em ..... Qualquer que seja a localização, um ficheiro tem sempre um nome, uma extensão e é representado por um ícone.

Por exemplo, o nome de um ficheiro termina com um ponto seguido de 3 letras (a extensão). Ex: facture.doc, mont-blanc.jpg, . O nome do ficheiro é escolhido pelo autor quando o ficheiro é criado, mas pode ser alterado sem qualquer problema numa data posterior. Por outro lado, não vale a pena alterar a extensão, pois esta define o tipo de ficheiro e o programa/software que será utilizado para o abrir.

TextoFolha de cálculo

PdfMúsica Imagem Filme

Se tiver um ficheiro no seu computador, também precisará do software certo para o abrir e ler, caso contrário só verá o título. Não poderá ler o documento, ouvir a música ou ver o filme que está no seu ficheiro. Fique descansado, os ficheiros mais comuns podem ser lidos pelos programas já instalados no seu computador.

Se quisermos comparar um ficheiro com um objeto da vida real, seria uma carta, um CD, uma fotografia, etc.

Uma pasta é completamente diferente de um ficheiro. Uma pasta não pode ser lida e não tem extensão.

Uma pasta é utilizada para organizar ficheiros de modo a que possam ser encontrados mais facilmente. Também pode conter subpastas que contêm ficheiros.

Um ficheiro pode ser comparado a um armário de arquivo, a uma , a um álbum de fotografias ou a uma caixa de cartão.

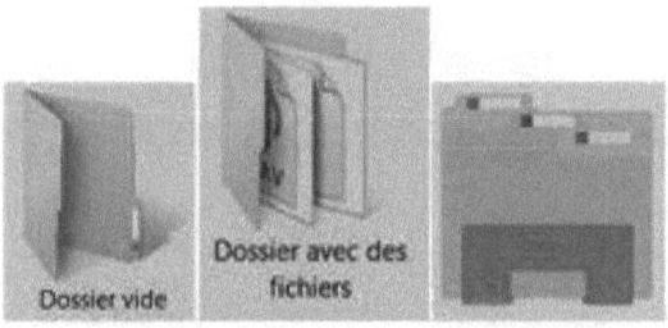

VI.2.CRIAR UM FICHEIRO

Existem várias formas de criar uma pasta, mas aqui vamos mostrar apenas um método, o de criar uma pasta quando guarda o seu documento utilizando a caixa de diálogo Guardar como.

1. > Abra o documento e, em seguida, clique em **Ficheiro Guardar como.**
2. Em **Guardar como,** selecione a localização onde pretende criar a pasta. Poderá ser necessário clicar em **Procurar ou** Computador e navegar para a localização da nova pasta.
3. Na **caixa de diálogo** Guardar como que se abre, clique em Nova **pasta.**

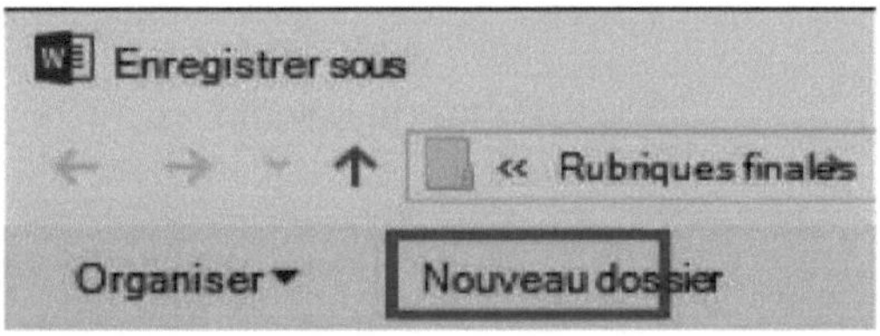

4. Escreva o nome da nova pasta e prima Enter.

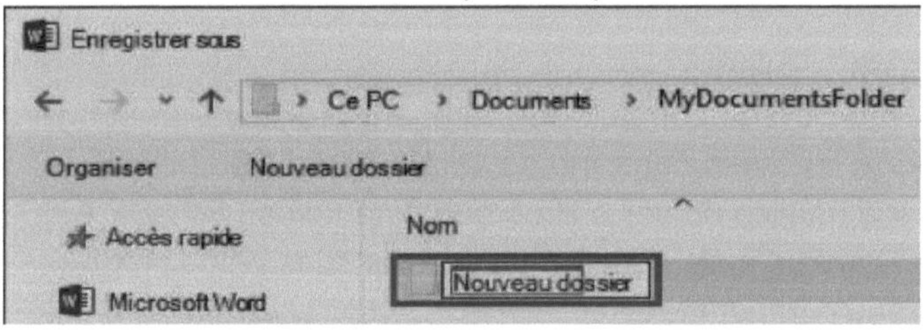

Nota: Não pode utilizar barras, dois pontos, ponto e vírgula, travessões ou pontos finais no nome da sua pasta.

VI.3.COPIAR OU MOVER FICHEIROS E PASTAS

Pode copiar e mover ficheiros e pastas de diferentes fapons no File

Explorer. Pode :

1[rst] método: Selecione os itens que pretende copiar ou mover, prima ou clique no separador Página inicial e, em seguida, prima Copiar para os copiar ou Cortar para os mover. Em seguida, abra a nova localização e prima ou clique em Colar.

Método 2[(nd]): Abra duas janelas do Explorador de Ficheiros lado a lado e, em seguida, arraste itens de uma janela para a outra. (Para abrir uma nova janela do Explorador de Ficheiros, prima ou clique no separador Ficheiro e, em seguida, escolha Abrir Nova Janela).

3[o(terceiro)] método: Utilize o atalho de teclado Ctrl+C para copiar ou Ctrl+X para cortar e, em seguida, navegue até à nova localização e prima Ctrl+V para colar.

4[o] método: Mantenha premido ou clique com o botão direito do rato no elemento a copiar ou mover, escolha Cortar ou Copiar no menu de contexto, mantenha premido ou clique com o botão direito do rato na nova localização e escolha Colar no menu de contexto.

Aconselhamento

- A forma mais simples de dispor duas janelas uma ao lado da outra no ambiente de trabalho é utilizar o alinhamento. Basta arrastar a barra de título de uma janela para a extrema esquerda ou direita do ecrã até ver o contorno da janela a cobrir essa metade do ecrã. Repita este passo com a outra janela no outro lado do ecrã para organizar as duas janelas lado a lado.
- Se copiar ou mover um ficheiro ou pasta numa biblioteca, este é armazenado na localização de gravação predefinida da biblioteca. Para saber como personalizar a localização de gravação predefinida de uma biblioteca.

VI.4.ELIMINAR FICHEIROS E PASTAS

Para eliminar um ficheiro ou uma pasta, os passos são os mesmos.

1. Clique com o botão direito do rato na pasta a eliminar e, **em seguida, clique em Eliminar pasta.**

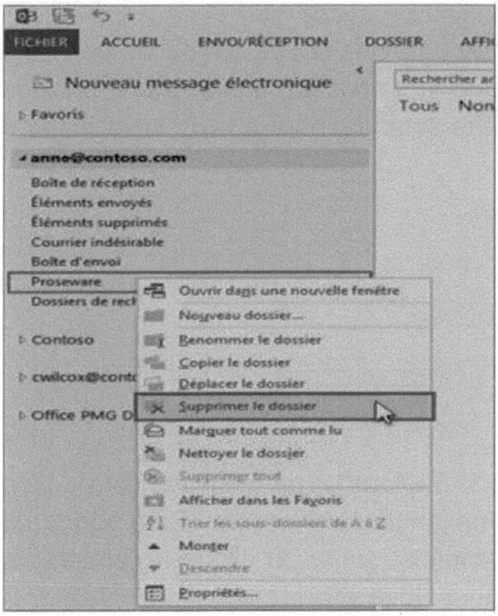

2. **Clique em** Sim para mover a pasta e o seu conteúdo para a pasta **Pasta de elementos suprime.**

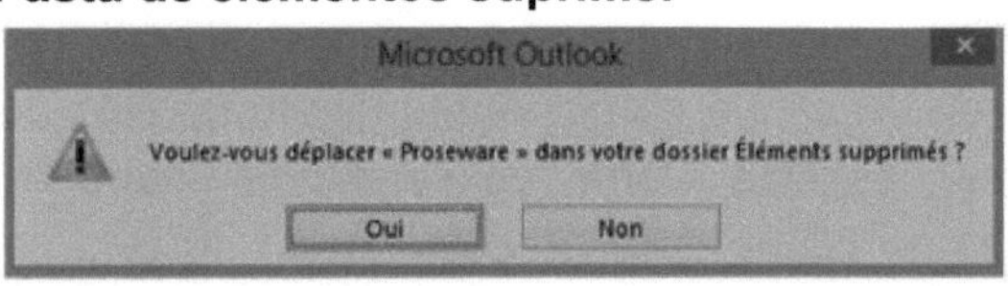

Quando esvazia **a** pasta Itens Eliminados, todos os seus itens, incluindo as pastas que eliminou, são permanentemente eliminados.

Nota: Não é possível eliminar pastas incorporadas, como a Caixa de entrada, a Caixa de saída ou **os Itens enviados.**

VI.5.PROCURAR FICHEIROS E PASTAS

Para procurar os seus ficheiros no Windows 10, utilize um dos seguintes métodos.

1. **Efetuar uma pesquisa a partir da barra de tarefas:** Digite o nome de um documento (ou uma palavra-chave que apareça no mesmo) na caixa de pesquisa da barra de tarefas. São apresentados os resultados dos documentos existentes no seu PC.

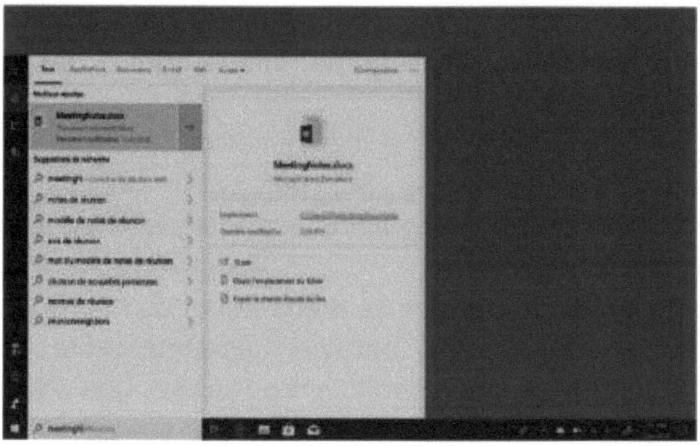

2. **Pesquisar no Explorador de Ficheiros:** Abra **o Explorador de Ficheiros** a partir da barra de tarefas ou clique com o botão direito do rato no menu **Iniciar**, escolha **Explorador de Ficheiros** e, em seguida, selecione uma localização no painel esquerdo para pesquisar ou procurar. Por exemplo, selecione **Este PC** para pesquisar todos os dispositivos e unidades do computador, ou selecione **Documentos** para pesquisar apenas os ficheiros aí armazenados.

VI.6.ALTERAR NOMES DE FICHEIROS E PASTAS

Para mudar o nome de um ficheiro ou pasta :

1. Clique com o botão direito do rato no elemento e escolha Mudar o nome, ou selecione-o e prima F2.
2. Escreva o novo nome e clique em enter .

Também é possível alterar o nome de um ficheiro na janela de propriedades.

Quando muda o nome de um ficheiro, apenas a primeira parte do nome é selecionada, não a extensão (a parte por trás do último .). A extensão normalmente descreve o tipo de ficheiro (por exemplo, um ficheiro .pdf é um documento PDF) e normalmente não deve ser alterada. Se, mesmo assim, pretender alterar a extensão, selecione o nome completo e altere-o.

VI.7.RESTAURAR OBJECTOS APAGADOS

Quando elimina um ficheiro ou pasta do seu computador, este é transferido para a Reciclagem do Windows. **Isto permite-lhe recuperar o seu ficheiro ou pasta se cometer um erro, por exemplo.** A Lixeira é, portanto, essencial, mas precisa de ser esvaziada regularmente para não encher o computador desnecessariamente!

Para recuperar um ficheiro eliminado, **faça duplo clique para abrir a Reciclagem, localize o ficheiro e, em seguida, clique com o botão direito do rato em "Restaurar".**

É possível restaurar um ficheiro apagado acidentalmente, desde que a Reciclagem não tenha sido esvaziada. Se, por outro lado, tiver esvaziado a sua Reciclagem, alguns programas especializados podem recuperar os seus ficheiros.

O lixo está vazio, como posso recuperar os meus ficheiros?

Para recuperar ficheiros depois de esvaziar acidentalmente a Reciclagem, existe software de recuperação como o Recuva, que pode ser descarregado gratuitamente.

VI.8.MOSTRAR O CONTEÚDO DE UMA PASTA

Para visualizar o conteúdo de uma pasta, basta :

1. Abra **o Explorador de ficheiros** a partir da barra de tarefas.
2. > > Selecione **Opções de visualização Modificar as opções de pasta e de pesquisa**.
3. Selecione o separador **Ver** e, em **Definições avançadas**,

selecione **Mostrar ficheiros, pastas e unidades em cache** e, em seguida, **OK**.

VI.9.APLICAÇÃO PARA CRIAR FICHEIROS E PASTAS PARA DOCUMENTOS CONTABILÍSTICOS DE ENTRADA E DE SAÍDA

Um ficheiro de contabilidade contém todos os períodos contabilísticos e todos os dados de uma pessoa ou empresa (plano de contas, entradas, endereços, facturas, empregados, etc.). Não há limite para o número de pastas de contabilidade que pode criar, desde que o espaço disponível no seu disco rígido o permita.

VI.9.1.CRIAR UM FICHEIRO DE CONTABILIDADE

No menu Ficheiro, Nova Pasta, abre-se o assistente de criação de pastas. Siga os passos do assistente.

1. Na etapa 1, introduza os dados da empresa no separador Nome da empresa e e no separador no separador separador Comunicações.

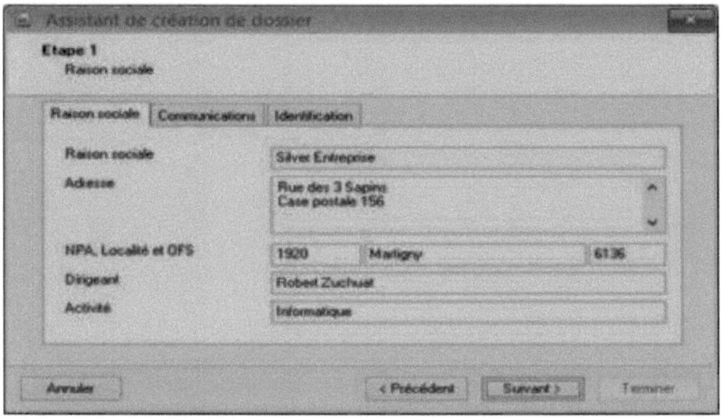

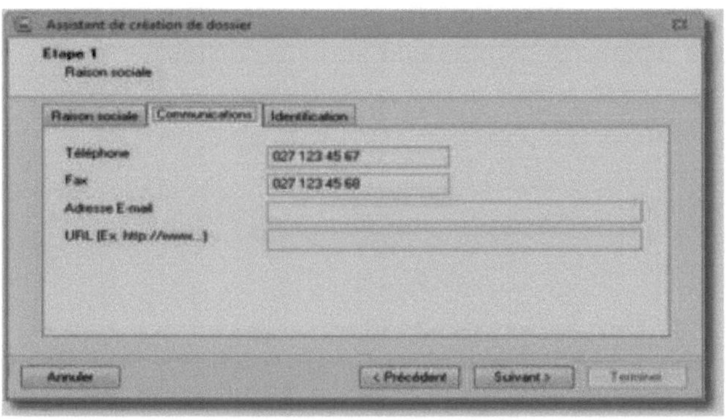

No separador Identificação, introduzir o número IDE. Este campo é obrigatório para as contas Swissdec. Introduza o número de registo comercial da empresa, o número de IVA e o número AVS. O número de ficheiro é introduzido automaticamente.

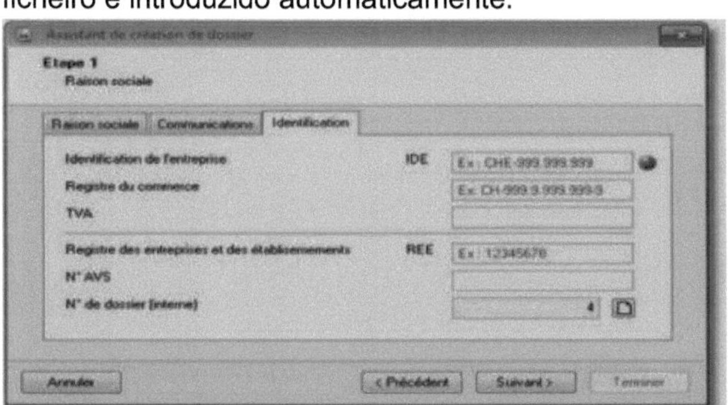

Clique em Seguinte

Na etapa 2, determinar as datas do primeiro exercício financeiro desta empresa.

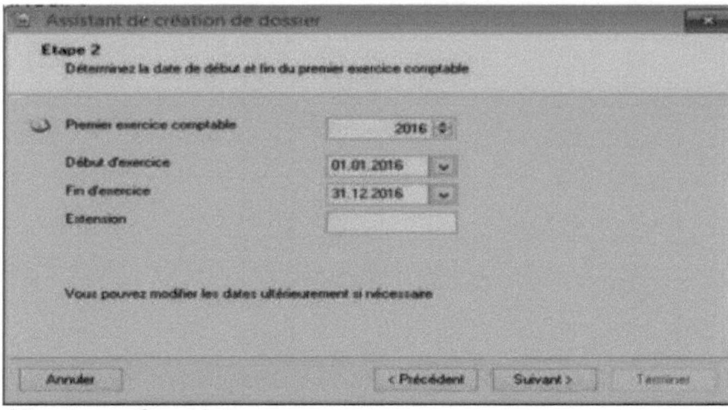

Clique em Seguinte

Na etapa 3, selecione o plano de contas que será usado neste pasta.

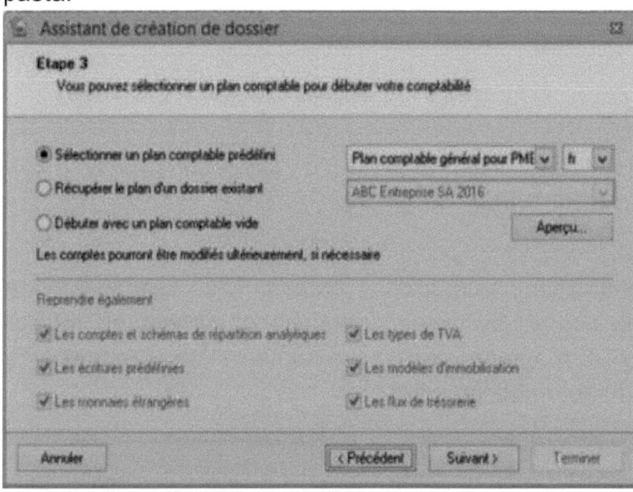

Na etapa 4, determinar os dados relativos ao IVA

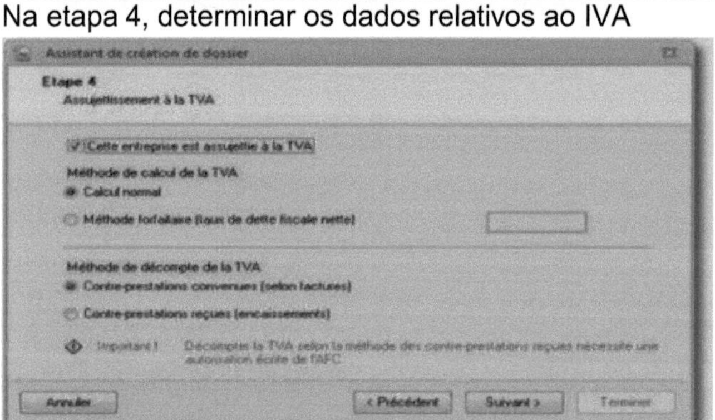

Clique em Seguinte

Na etapa 5, selecionar as aplicações a ativar para o ficheiro contabilístico. Pode sempre alterar esta escolha numa data posterior. Os módulos só podem ser activados se tiverem sido instalados.

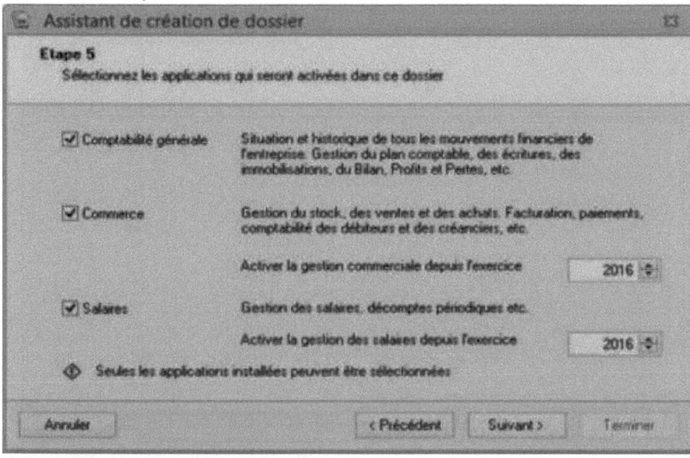

Clique no botão "Seguinte

No passo 6, pode optar por começar com ficheiros vazios ou definir automaticamente os dados predefinidos.

Aconselhamo-lo a selecionar a opção Definir automaticamente os dados por defeito. O Winbiz criará os métodos de pagamento, as condições de pagamento, o endereço e os modelos de artigos. Estes elementos são utilizados principalmente no módulo Comércio e podem ser modificados de acordo com as suas necessidades.

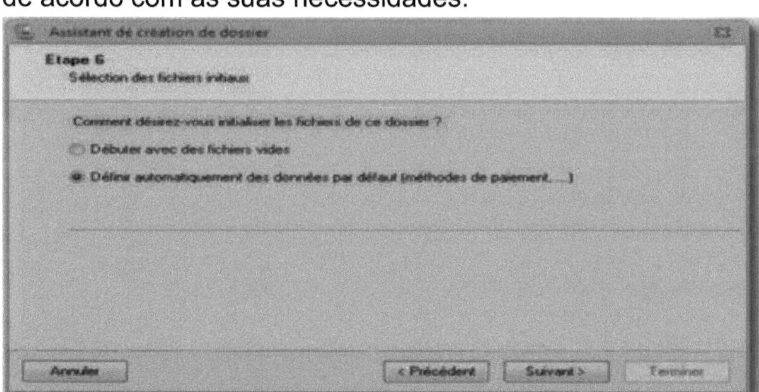

Clique no botão "Seguinte

Na etapa 7, selecione a ordem das línguas a utilizar nos formulários.

Exemplo de utilização: Nos itens, pode introduzir a descrição do item em francês, alemão, inglês e italiano. Se a língua predefinida for o francês, as descrições dos itens serão introduzidas em francês por predefinição. Uma lista pendente permite-lhe introduzir descrições noutras línguas.

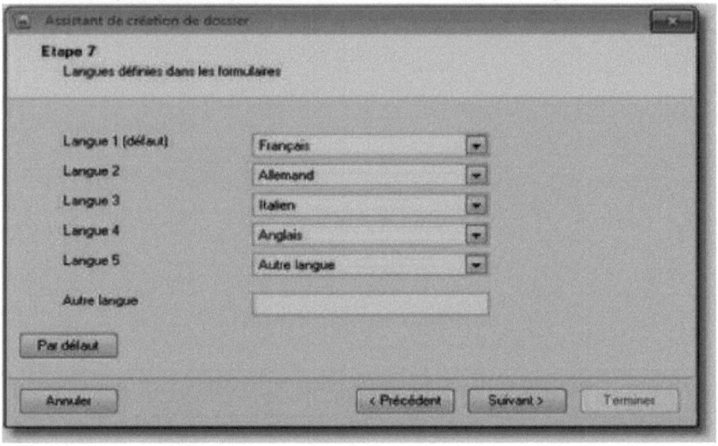

NB: Uma vez definida a ordem das línguas e introduzidos os dados no software, a ordem das línguas não pode ser alterada. Clique no botão "Seguinte".

Na etapa 8, defina os utilizadores autorizados a ver este ficheiro contabilístico.

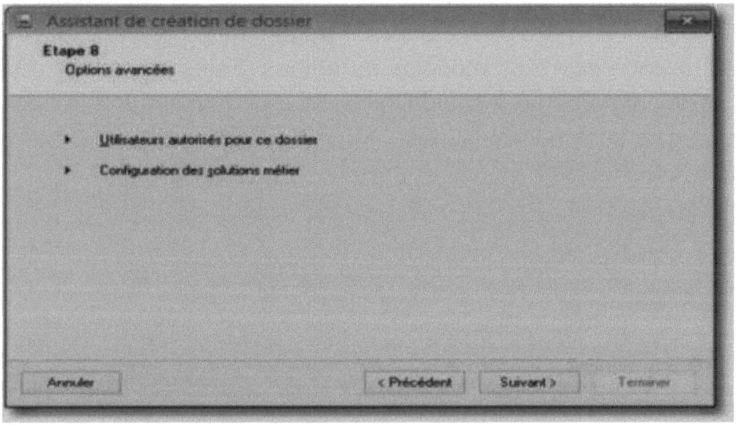

Clique no botão "Finish" (Concluir) para começar a criar o ficheiro de contabilidade

Nota

Pode alterar as informações introduzidas aquando da criação do ficheiro de contabilidade nas propriedades do ficheiro no menu Ficheiro, Abrir, clicar em Propriedades. São apresentadas as propriedades do ficheiro selecionado.

CAPÍTULO VII

CONCEITO DE MEMÓRIA DE ARMAZENAMENTO

VII.1.DEFINIÇÃO

Uma "**memória**" é qualquer componente eletrónico capaz de armazenar temporariamente dados.

VII.2.PAPEL

1. **Memória de massa,** cujo papel é ser uma área de armazenamento permanente. Esta função é desempenhada pelos discos (discos rígidos, SSD, disquetes, CD-ROM ou DVD) ou fitas magnéticas. Os dados são gravados através de processos magnéticos, electrónicos ou ópticos, e permanecem mesmo quando o equipamento é desligado. No entanto, estes sistemas são relativamente lentos.
2. **a memória central**, cujo papel é atuar como uma área de trabalho e armazenamento temporário. Os programas que pretende executar e os dados que pretende processar devem primeiro ser carregados na memória principal para que estejam disponíveis para o processador.

VII .3.TIPOS DE MEMÓRIA

A. MEMÓRIA VIVA

A memória de *acesso* **aleatório (RAM)** é a memória principal do sistema, ou seja, o espaço utilizado para armazenar temporariamente os dados enquanto um programa está a ser executado.

Ao contrário do armazenamento de dados num dispositivo de memória de massa, como um disco rígido, a RAM é volátil, o que significa que só pode armazenar dados enquanto estiver ligada. Assim, sempre que o computador é desligado, todos os dados da memória são irremediavelmente apagados.

B. MEMÓRIA MORTA

A memória ROM *(Read-only* **memory)** é um tipo de memória que retém a informação que contém mesmo quando a memória deixa de ser alimentada. Basicamente, este tipo de memória só pode ser acedido em modo de leitura. No entanto, atualmente é possível gravar informações em determinadas memórias *ROM.*

C. MEMÓRIA FLASH

A memória flash é um compromisso entre a RAM e a memória só de leitura. A memória flash tem a não-volatilidade das memórias só de leitura, mas continua a ser facilmente acessível para leitura ou escrita. Por outro lado, os tempos de acesso à memória flash são mais longos do que os da RAM.

CAPÍTULO VIII

NOÇÃO DE TABELA(no Microsoft Word)

VIII.1 INSERÇÃO

> Para uma tabela básica, clique em **Inserir tabela** e mova o cursor sobre a grelha para realçar o número desejado de colunas e linhas.

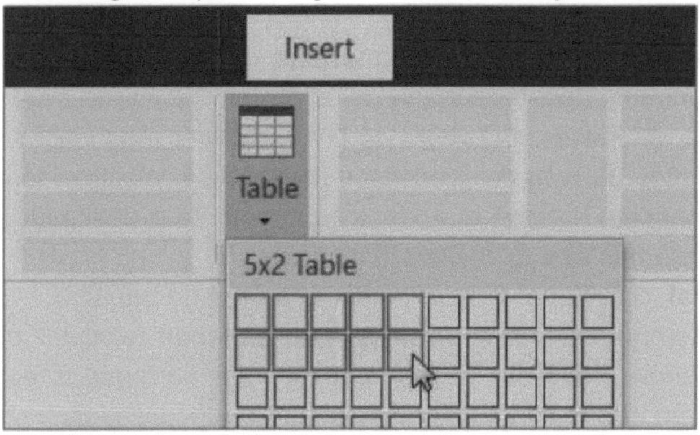

> > Para uma tabela maior ou para personalizar uma tabela, selecione **Inserir tabela Inserir uma tabela**.

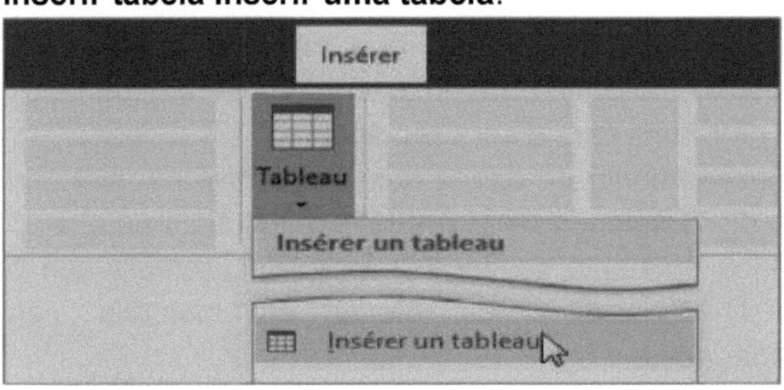

Conselhos :

- Se já tiver texto separado por separadores, pode convertê-lo rapidamente numa tabela. > Selecione **Inserir tabela** e, em seguida, selecione **Converter texto em tabela**.

- > > Para desenhar a sua própria tabela, selecione **Inserir tabela desenhar uma tabela**.

VIII.2.MODIFICAÇÃO

Uma tabela no Microsoft Word pode organizar informações numéricas ou textuais. O Microsoft Word 2007 inclui o menu "Ferramentas de Tabela", que aparece na Faixa de Opções, na parte superior do ecrã, quando se ativa uma tabela. Pode utilizar o separador "Layout" da função para modificar a tabela, adicionando ou eliminando células, linhas e colunas. Instruções de utilização

1. Clique na tabela. O menu "Ferramentas de tabela" aparece na extremidade direita da Faixa de Opções. Clique no separador "Layout".

2. Adicione uma célula a uma única linha horizontal clicando na célula à direita do local onde pretende colocar a nova célula. Prima a pequena seta no canto inferior direito do menu "Linhas e colunas". Clique em "Deslocar para a direita" e prima "OK".

3. Elimine uma célula numa única linha horizontal clicando no seu lado esquerdo para a selecionar. Prima o botão "Apagar" e selecione "Apagar células". "Clique em "Deslocar para a direita" e prima "OK".

4. Adicione uma linha ou coluna clicando numa célula adjacente àquela a que pretende adicionar a linha ou coluna. Clique em "Inserir acima" ou "Inserir abaixo" para adicionar uma linha. Clique em "Inserir à direita" ou "Inserir à esquerda" para adicionar uma coluna.

5. Eliminar uma linha ou coluna clicando numa célula da linha ou coluna que pretende eliminar. Prima o botão "Eliminar" e escolha "Eliminar colunas" ou "Eliminar linhas". "

6. Modificar na tabela colocando o cursor à direita dos dados que pretende alterar numa célula individual. Prima a tecla "Delete" para apagar os dados antigos e, em seguida, introduza os novos dados.

VIII.3.FORMATAÇÃO

Passo 1: Aceder ao separador "Criar uma tabela

Quando estiver no documento do Microsoft Word, clique na tabela que pretende formatar. Se olhar para a faixa de opções na parte superior da aplicação Microsoft Word, pode ver que apareceram dois novos separadores.

Só nos interessa o separador "**Criar uma tabela**".

O separador '**Criar um painel**' dá-lhe as opções de cor e de contorno necessárias para modificar o aspeto do painel selecionado. Clique nele para começar.

O menu do separador "**Criação de tabelas"** está dividido em três partes: "**Opções de estilo de tabela**", "**Estilos de tabela**" e "**Contornos**".

Passo 2: Modificar as opções de estilo da tabela

"**Opções de estilo de tabela**" permite-lhe modificar o resultado dos estilos em "**Estilos de tabela**". "**Header row**" (**Linha de cabeçalho)** permite-lhe iniciar a primeira linha da sua tabela, "**Total row**" (**Linha total**) inicia a última linha da sua tabela, "**First column**" (**Primeira**

coluna) inicia a linha mais à esquerda da sua tabela, "**Last column**" (**Última coluna**) inicia a linha mais à direita da sua tabela, "**Striped rows**" (**Linhas riscadas**) coloca um fundo mais escuro em cada linha e, finalmente, "**Striped columns**" (**Colunas riscadas**) coloca um fundo mais escuro em cada coluna.

Para o nosso quadro, optámos por assinalar apenas "**Linha de cabeçalho**" e "**Linhas com riscas**".

Passo 3: Aplicar um estilo à sua tabela

Agora que já escolhemos as nossas opções, podemos escolher um estilo.

O Microsoft Word oferece uma série de estilos de tabela pré-fabricados. Para os ver facilmente, clique no botão com a linha e a seta a apontar para baixo.

Pode ter uma ideia do aspeto de um estilo na sua pintura passando o rato por cima do estilo em que está interessado.

Depois de ter escolhido o seu estilo, clique nele para o aplicar à sua mesa.

Se quiser alterar o fundo de uma determinada célula, selecione-a e clique em "**Fundo"**. O Microsoft Word pedir-lhe-á que escolha a cor que pretende aplicar ao fundo das células que selecionou.

Passo 4: Modificar os limites da sua tabela

Se quiser adicionar ou alterar os limites da sua tabela, vá a "**Limites**". Clique em "**Disposição das** margens" e, em seguida, clique nas células cujas margens pretende alterar. Prima a tecla **Esc** ou clique novamente em "**Disposição das margens**".

Para alterar o aspeto dos contornos aplicados, pode clicar em "**Estilos de contorno**" para ver os diferentes estilos de contorno básicos no Microsoft Word ou clicar nos campos à direita de "**Estilos de contorno**" para personalizar o aspeto, a espessura e a cor dos contornos colocados.

Além disso, se utilizar "**Borda**", pode escolher a borda das células a modificar com "**Formatação da borda**". Basicamente, a "**Borda**" será definida para modificar a borda inferior da célula.

VIII.4.IMPRESSÃO

Para imprimir um documento, clique no separador **Ficheiro** e **o ecrã** aparece.

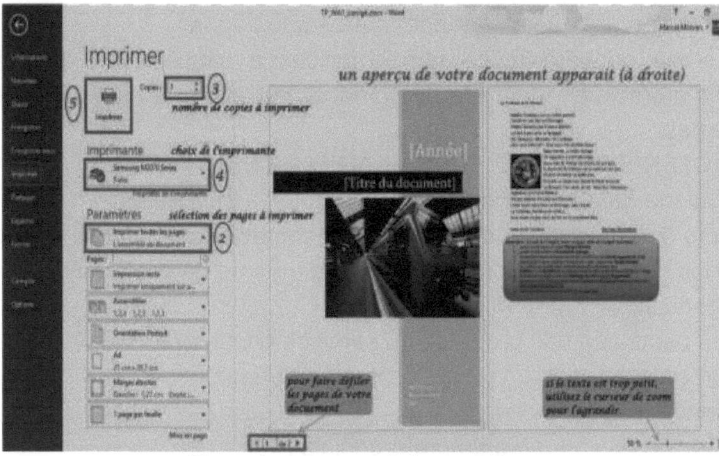

Executar as seguintes acções:

1. clique em **Imprimir** na faixa azul à esquerda
2. selecionar as páginas a imprimir: por defeito, **são impressas todas as páginas**, mas pode fazer a sua própria seleção clicando na **seta** para **a direita** para ver as outras opções.
3. selecionar o **número de cópias** do documento que pretende imprimir
4. selecionar a **impressora** a utilizar para a impressão
5. iniciar a impressão premindo o botão **Imprimir.**

Clique em (na faixa azul à esquerda) para regressar ao seu documento.

VIII.5.APLICAÇÕES CONDUCENTES À PREPARAÇÃO DA NOTA DE ENCOMENDA E DA FACTURA

A ordem de compra é um documento comercial redigido pelo vendedor. Este documento contém os pormenores da encomenda e serve para formalizar a intenção de compra. A elaboração de uma nota de encomenda não é de modo algum obrigatória e não tem valor contabilístico. De facto, uma venda pode ser concluída oralmente, logo que o vendedor e o comprador tenham chegado a acordo sobre o preço, os produtos e as quantidades.

Para criar ordens de compra, é possível descarregar modelos em linha. No entanto, também é possível redigir ordens de compra em Word ou Excel. No entanto, quando há muitas ordens de compra para redigir, pode demorar muito tempo a digitá-las.

É por isso que é aconselhável utilizar um software de gestão comercial (como o HubSpot, EBP, Sage, Sellsy ou Oxygene) com uma série de formulários possíveis (orçamentos, facturas, etc.). Alguns destes softwares são gratuitos, enquanto outros são pagos.

A empresa ganhará muito tempo graças à simplicidade das várias funções oferecidas, mas terá de começar por elaborar os seus ficheiros de clientes.

CARACTERÍSTICAS DO FORMULÁRIO DE ENCOMENDA

O formulário de encomenda inclui os seguintes elementos:

- nome da empresa, nome e dados de contacto do emitente (cliente) ;
- dados de contacto, nome da empresa e nome do destinatário (fornecedor) ;
- uma descrição dos produtos ou serviços encomendados;
- o preço dos produtos ou serviços (não obrigatório, mas recomendado);
- condições de pagamento preferenciais ;
- assinatura e carimbo da pessoa autorizada a assinar para encomendar.

A ordem de compra pode ser considerada um contrato vinculativo se for assinada pelo emitente e contra-assinada pelo fornecedor.

Mas, na maioria dos casos, as encomendas são efectuadas sem qualquer formalidade e, portanto, sem uma ordem de compra. Pode ser enviada uma simples mensagem de correio eletrónico ao fornecedor, que se encarrega de formalizar a encomenda e de a fazer validar pelo cliente sob a forma de um orçamento ou de uma fatura pró-forma, ou mesmo de uma fatura final.

EXEMPLO DE UMA NOTA DE ENCOMENDA

FORMULÁRIO DE ENCOMENDA

Nome da empresa (forma e denominação social)

A :

Nenhum cliente Endereço

Montante do capital social

Número e localização do RCS

Endereço da sede Telefone

Número de ordem de compra :

Data :

REF	DESCRIPTION	QUTE	P.U HT	REMISE	TOTAL HT	Taux de TVA	TOTAL TTC
Article 1		1	250,00 $		250,00 $	20,0%	300,00 $
Article 2		5	100,00 $	20%	400,00 $	5,5%	422,00 $
					- $		- $
					- $		- $
				TOTA	650,00 $		722,00 $

Condições de entrega:

Condições de pagamento :

Período de retirada :

CAPÍTULO IX

LEMBRETE

IX.1.INICIAR O COMPUTADOR (prático)

IX.2.Lançar o MS WORD (praticar no computador)

IX.3.APRESENTAÇÃO DA INTERFACE WORD (barra de título, barra de deslocamento, ferramentas de formatação) :

IX.3.1.INTRODUÇÃO DE DADOS (DIGITAÇÃO AO QUILÓMETRO)

A digitação ao quilómetro (também chamada "digitação ao quilómetro") é um método de trabalho que consiste em **escrever o seu texto sem se preocupar com a formatação** (pelo menos não demasiado). Compreenda que, ao escrever um documento em Word, escreve o seu texto concentrando-se principalmente no conteúdo, na mensagem que quer transmitir ao seu leitor. Isto aplica-se igualmente a uma carta de apresentação, a um livro de memórias, a um documento administrativo, a uma reclamação, a uma candidatura a um emprego, a uma coleção de receitas, a um livro... e a qualquer outro tipo de documento.

IX.3.2.CORRIGIR TEXTO DURANTE A ESCRITA

O Word tem um corretor ortográfico e gramatical de alto desempenho. Ele **detecta e destaca os erros** ortográficos e gramaticais mais comuns. Este verificador automático do Word pode ser utilizado para corrigir um documento longo antes de o enviar para o destinatário.

Para **corrigir um erro ortográfico**, clique com o botão direito do rato na palavra sublinhada e escolha uma das palavras de substituição sugeridas pelo Word. A palavra com erro ortográfico é automaticamente corrigida no Word. As palavras mal escritas são sublinhadas com uma linha ondulada vermelha, indicando que não estão presentes no dicionário do Word.

Se quiser **adicionar ao seu dicionário** e fazer com que o Word o corrija automaticamente com um dicionário de francês completo, basta adicioná-las manualmente. Para isso, clique com o botão direito do rato sobre a palavra e selecione "Adicionar ao dicionário" no menu de contexto. Os seus vocábulos serão então adicionados à correção ortográfica do seu programa Word.

IX.3.3.REGISTAR UM TEXTO

Para guardar um documento no Word, existem dois separadores: Um no pequeno ícone na parte superior do programa,

Ou em "ficheiro" e depois clique em "guardar" ou "guardar como" :

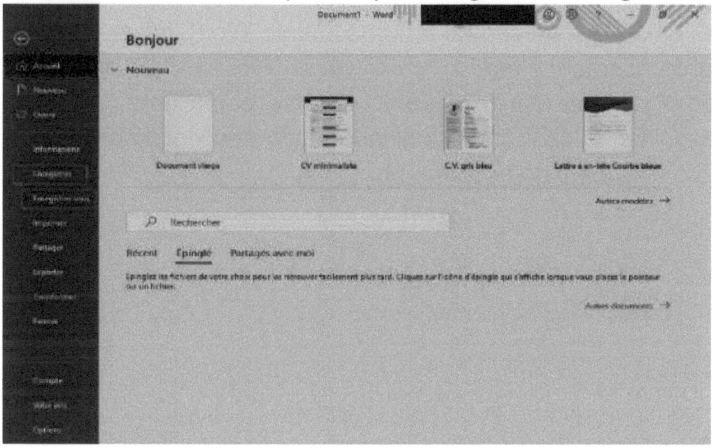

Clicando na tecla "control" e "S", se estiver num computador, ou na tecla "command" e "S", se estiver num Mac.

ALTERAR O NOME, A LOCALIZAÇÃO E O FORMATO DO DOCUMENTO

Para alterar o nome, a localização ou o formato do seu documento Word, clique em "Procurar". Abre-se então uma janela que lhe permite escolher a localização onde pretende guardar o documento, bem como o título e o formato do documento. Os formatos mais utilizados para guardar documentos são "doc.x", "pdf", "RTF", "TXT" ou ".html". No entanto, o formato pode ser alterado de um computador para outro. O formato PDF mantém a formatação em cada computador.

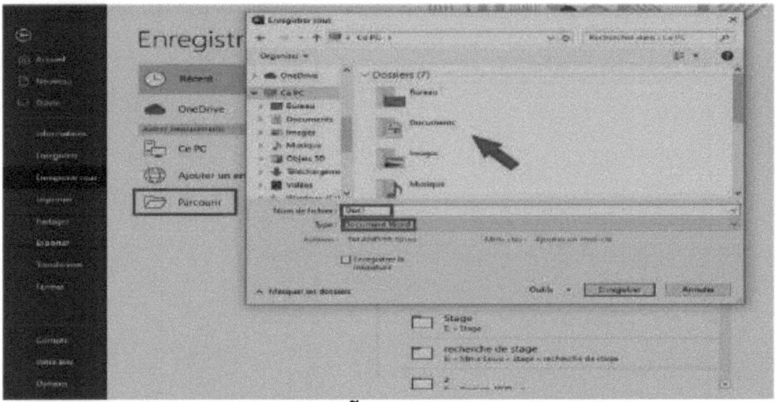

GUARDAR UMA NOVA VERSÃO DE UM DOCUMENTO DO WORD

Para guardar uma nova versão de um documento Word, basta utilizar a função "guardar como". Para o fazer, vá a "Ficheiro" e clique em "Guardar como", depois em "Procurar". Abre-se então uma janela na qual pode escolher o local onde quer guardar o seu documento, bem como o título e o formato do documento.

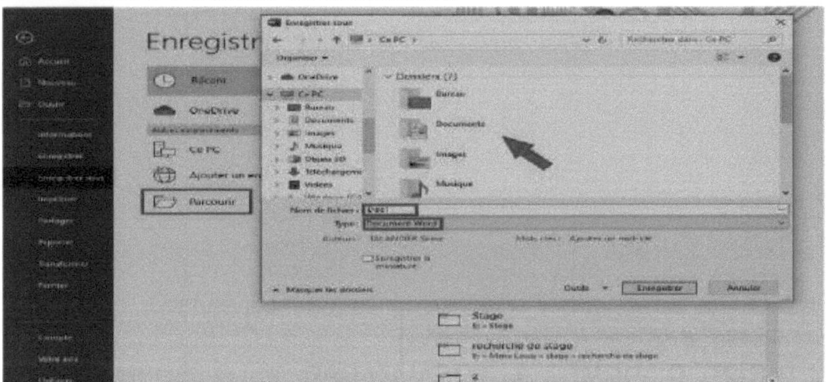

IX.3.4.ABRIR UM DOCUMENTO

Existem duas formas principais de abrir um documento existente:

- Pode encontrá-lo nas suas pastas e fazer duplo clique no ícone para o abrir. Não se preocupe se o programa não estiver aberto, tudo será feito automaticamente.
- Ou o programa já está aberto, caso em que se utiliza o comando "**Abrir**" no separador "**Ficheiro**":

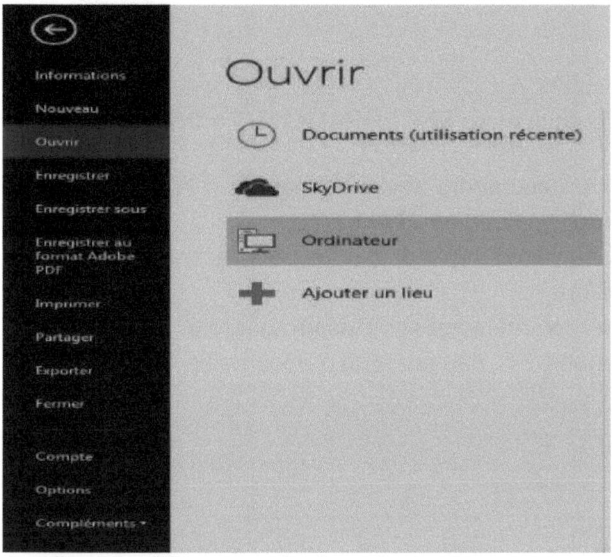

Ao clicar em "**Computador**", pode navegar na sua árvore para encontrar o seu ficheiro e abri-lo clicando em "**Abrir**".

Se se tratar de um documento que utilizou recentemente, encontrá-lo-á na lista "**Documentos (utilização recente)"**, o que o torna muito mais fácil de encontrar!

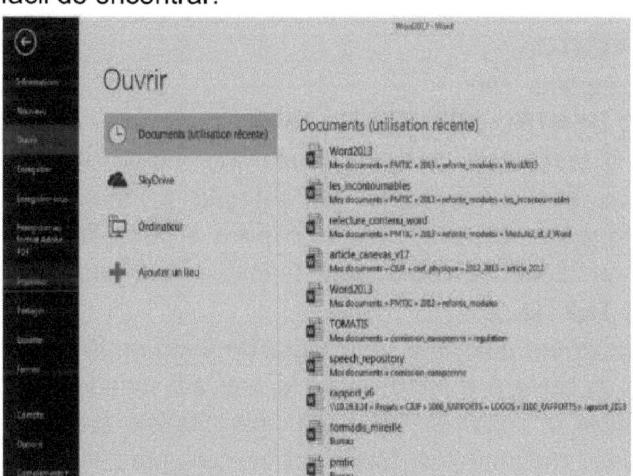

IX.3.5.ENCERRAR UM DOCUMENTO

Para sair do Word, basta fechar a cruz no canto superior direito ou ir para a barra acima do banner, clicar no ícone do Word e depois em "**Fechar**":

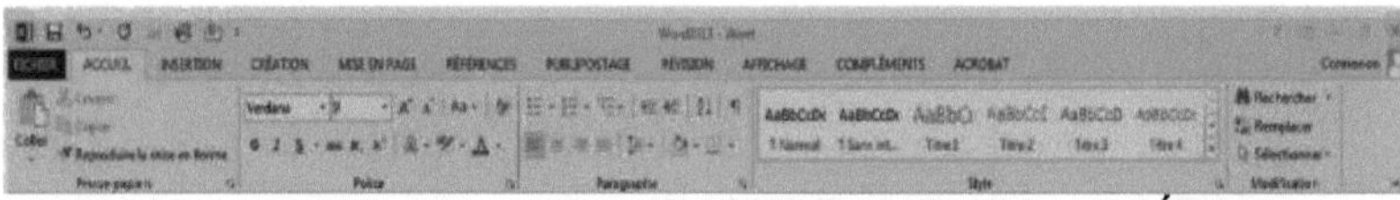

Atenção! Há uma diferença entre ENCERRAMENTO e SAÍDA:

Fechar: pode fechar o documento aberto mantendo o Word aberto. Vá ao separador "**Ficheiro**" e clique em "**Fechar**".
Sair: clique na cruz no canto superior direito para fechar o documento que tem aberto E o Word.
Atenção: se receber a mensagem "Deseja guardar as alterações efectuadas no Documento1?", não guardou o documento.

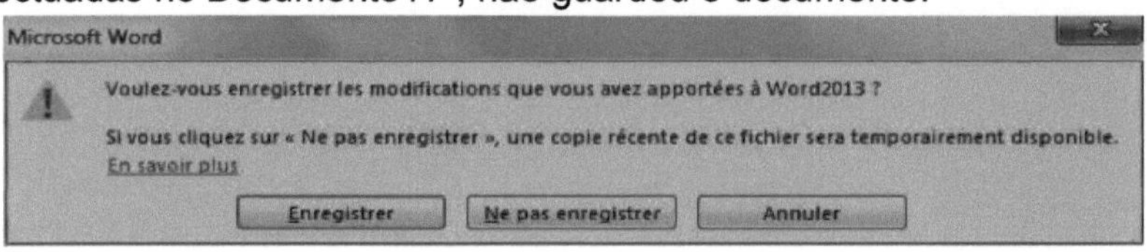

Clique em **Guardar** para guardar o documento (terá de lhe dar um nome, ver "a página sobre como guardar"). Clique em **Não guardar** para não guardar nada (perderá tudo o que fez neste documento). Clique em **Cancelar** se tiver clicado na cruz por engano e quiser manter o documento aberto.

IX.3.6.IMPRIMIR UM TEXTO

(cf. noção de quadro, capítulo VIII)

IX.3.7.DESLOCAÇÃO DENTRO DE UM DOCUMENTO

No Word, selecione o texto que pretende copiar ou mover. Para o mover, **clique com o botão esquerdo na seleção e, mantendo premido o botão esquerdo do rato, arraste-o para a posição para onde o pretende mover**. Solte o botão do rato. O texto é movido.

IX.3.8.INSERÇÃO DE TEXTO

Existem várias vantagens em adicionar uma caixa de texto no Word. O melhor de uma caixa de texto é o facto de poder ser adicionada onde não se pretende realçar o texto. O MS Office permite-lhe adicionar caixas de texto aos seus documentos. Isto significa que, para além do Word, também pode adicionar uma caixa de texto com outras aplicações do Office. O processo é explicado a seguir.

1. Em primeiro lugar, aceda ao documento Word para começar.
2. Prima o separador "Inserir" para continuar.
3. Agora, tem de premir a opção "Caixa de texto" no separador para criar uma caixa de texto no documento. Ser-lhe-ão apresentadas várias

opções. É aconselhável escolher a que melhor se adequa às suas necessidades. Isto depende inteiramente do tipo de documento que está a criar ou das necessidades da apresentação que está a fazer. Não se esqueça de que a sua caixa de texto tem de ter um aspeto profissional.

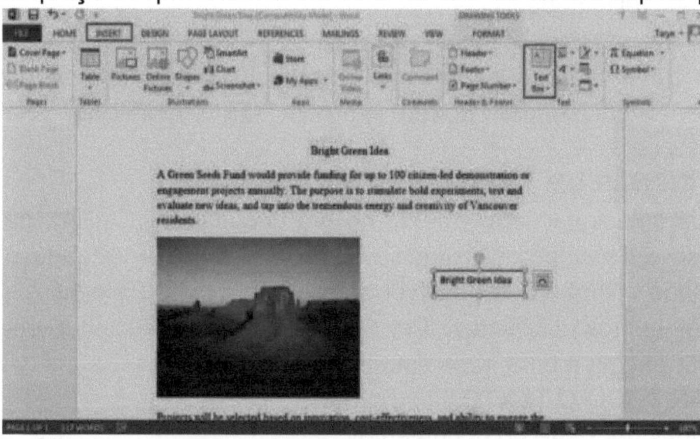

1. Clique na opção que pretende adicionar ao documento. Em seguida, aceda ao separador "Formatar" e clique em "Contorno da forma" e, depois, em "Sem contorno" se não quiser definir um contorno.

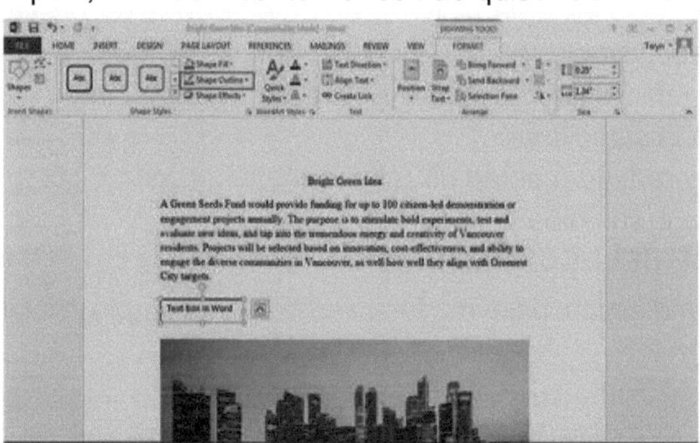

Pode agora clicar na caixa de texto para aceder à barra de ferramentas de desenho na parte superior. Se precisar de fazer alterações, tem tudo na barra de ferramentas.

- Pode inserir diferentes formas na caixa de texto e pode também desenhar uma nova caixa de texto.
- Também é possível aplicar diferentes estilos de forma à área de texto que foi adicionada ao documento do Word.
- Adicione estilos de Word Art e certifique-se de que obtém o melhor alinhamento.

- Também pode organizar a caixa de texto como desejar.
- Para eliminar a caixa de texto, basta clicar na extremidade da caixa de texto e, em seguida, clicar em Eliminar. A caixa será permanentemente eliminada.

Nota: É muito importante notar que, a partir do Word 2007, o método para aplicar a caixa de texto é o mesmo. ®As versões mais antigas do Word não são mencionadas porque já não são suportadas pela Microsoft.

IX.3.9.SELECCIONAR UM TEXTO

No Word, pode selecionar todo o texto de um documento (Ctrl+A), ou selecionar texto ou elementos específicos de uma tabela utilizando o rato ou o teclado. Também é possível selecionar texto ou elementos localizados em pontos diferentes. Por exemplo, pode selecionar um parágrafo numa página e uma frase noutra.

SELECCIONAR TODO O TEXTO

1. Clique em qualquer parte do documento.
2. Prima Ctrl+A no teclado para selecionar todo o texto do documento.

SELECCIONAR UM TEXTO ESPECÍFICO

Também é possível selecionar uma palavra, uma linha de texto ou um ou mais parágrafos específicos.

1. Coloque o cursor em frente da primeira letra da palavra, frase ou parágrafos que pretende selecionar.
2. Clique e mantenha premido o botão do rato enquanto arrasta o cursor para selecionar o texto pretendido.

OUTRAS FORMAS DE SELECCIONAR TEXTO

- Para selecionar uma única palavra, faça rapidamente duplo clique sobre ela.
- Para selecionar uma linha de texto, coloque o cursor no início da linha e, em seguida, prima Shift+Seta para baixo.
- Para selecionar um parágrafo, coloque o cursor no início do parágrafo e, em seguida, prima Ctrl+Shift+Seta para baixo.

IX.3.10.APAGAR UM TEXTO

Para apagar texto, basta clicar na margem da caixa de texto que pretende apagar e premir Apagar.

Nota: Certifique-se de que o ponteiro está na borda da caixa de texto e não dentro dela. Se o ponteiro estiver dentro da caixa, premir Apagar elimina o texto dentro da caixa de texto e não a caixa.

IX.3.11.COPIAR UM TEXTO (COPIAR/COLAR)

Copiar/colar é a ação de duplicar um ficheiro de uma localização para outra. O ficheiro é então clonado da sua origem para um novo destino. A ação de copiar e colar é executada, por exemplo, clicando com o botão direito do rato numa seleção e escolhendo "Copiar" e, em seguida, clicando com o botão direito do rato e "Colar" na pasta de destino. Os atalhos de teclado para esta ação são Ctrl+C e Ctrl+V. Copiar e colar é utilizado, por exemplo, para copiar o conteúdo de uma pasta para uma chave USB.

IX.3.12.CORRIGIR UMA PALAVRA REPETIDA NO CONJUNTO DE TEXTO INTRODUZIDO

Um dos erros mais comuns cometidos ao escrever um documento é o facto de, por vezes, as palavras serem repetidas. Normalmente, o verificador automático do Word avisa-o deste erro, sublinhando a repetição a vermelho. Mas este não é infalível e, se tiver desativado a ferramenta de correção, ainda é possível detetar estes erros muito facilmente. Utilizar os wildcards do programa.

IX.3.13.CORRECÇÃO ORTOGRÁFICA

Para verificar a ortografia no MS Word, basta :

Clique ou toque na localização onde pretende adicionar texto, ou selecione o texto que pretende marcar como estando noutra língua e, em seguida, execute uma das seguintes acções:

1. No separador **Revisão**, > selecione **Preferências de idioma linguística**.
2. No âmbito das **Línguas de criação e de verificação linguística d'Office**, selecione a língua que pretende utilizar.
3. Selecione **OK**.

Ou

1. > No separador **Revisão**, selecione **Idioma Definir o idioma de verificação**.
2. Selecionar o idioma pretendido.
3. Selecione **OK**.

Sugestão: Para evitar ter de definir manualmente o idioma de revisão com cada novo documento no Word, mude para a opção que detecta o idioma em que está a escrever. No separador **Revisão**, vá para **Idioma**. > Selecione **Idioma Definir o idioma para verificação linguística**,

IX.3.14.SUBSTITUIR UMA PALAVRA POR OUTRA PALAVRA

Se pretender substituir uma palavra por outra em todo o documento do Word, clique no menu **Editar** e, em seguida, no comando **Substituir**

(Ctrl+ H).

No campo **Procurar**, escreva a palavra a procurar e, em seguida, no campo **Substituir por**, introduza a palavra de substituição.

Por fim, clique no botão **Substituir** tudo para efetuar a operação em todo o documento.

IX.3.15.SUBSTITUIÇÃO DE UMA PALAVRA POR OUTRA PALAVRA SINÓNIMA

Basta selecionar a palavra a substituir, clicar com o botão direito do rato e ir para **Sinónimos.** O Word irá sugerir uma lista de sinónimos para a palavra. Basta selecionar um da lista para o utilizar.

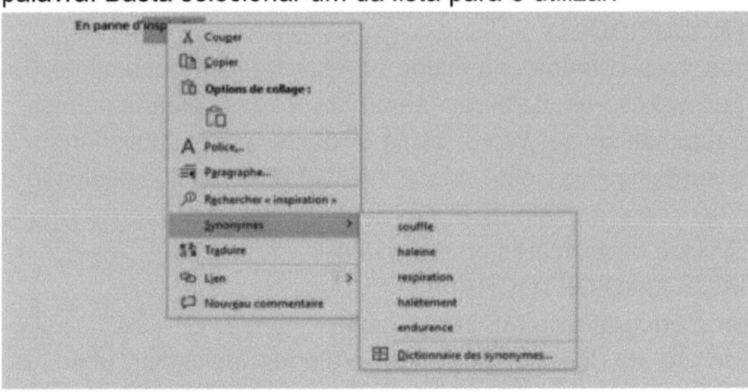

CAPÍTULO X

INFORMAÇÕES GERAIS SOBRE A INTERNET

X.1.ANTECEDENTES

Os primeiros textos que descrevem as interações sociais que poderiam ser possibilitadas por uma rede de computadores foram uma série de memorandos escritos por J.C.R. Licklider do MIT em agosto de 1962 sobre o seu conceito de "rede galáctica". Licklider imaginou um conjunto de computadores interligados a nível mundial, através dos quais qualquer pessoa poderia aceder rapidamente a dados e programas a partir de qualquer local. Em teoria, o conceito era muito semelhante ao da atual Internet. Licklider foi o primeiro chefe do programa de investigação informática da DARPA, lançado em outubro de 1962. Durante o seu tempo na DARPA, persuadiu os seus sucessores, Ivan Sutherland, Bob Taylor e Lawrence G.

Roberts, investigador do MIT, sobre o interesse deste conceito de rede informática.

Leonard Kleinrock, do MIT, publicou o primeiro artigo sobre a utilização da comutação de pacotes em julho de 1961 e o primeiro livro sobre o assunto em 1964. Kleinrock convenceu Roberts da realização teórica das comunicações utilizando a comutação de pacotes em vez de circuitos dedicados, o que se revelou um passo importante para as redes de computadores. Outro passo fundamental foi permitir que os computadores comunicassem entre si.

Em 1965, para explorar esta possibilidade, com a ajuda de Thomas Merrill, Roberts ligou o computador TX-2 em Massachusetts ao computador Q-32 na Califórnia através de uma ligação telefónica comutada de baixa velocidade, criando a primeira (embora muito pequena) rede informática alargada alguma vez construída. Esta experiência provou que os computadores com partilha de tempo podiam trabalhar em conjunto muito bem, executando programas e recuperando dados, se necessário, da máquina remota, mas que o sistema telefónico comutado era totalmente inadequado. A crença de Kleinrock na necessidade de comutação de pacotes foi confirmada.

No final de 1966, Roberts foi contratado pela DARPA para desenvolver o conceito de rede informática e rapidamente pôs em prática o seu plano para a rede "ARPANET", que publicou em 1967. Na conferência em que apresentou o artigo, Donald Davies e Roger Scantlebury, do NPL do Reino Unido, também fizeram uma apresentação sobre um conceito de rede comutada por pacotes. Scantlebury falou a Roberts sobre o trabalho do NPL e o de Paul Baran e outros da RAND. O grupo RAND tinha escrito um documento sobre a utilização de uma rede de comutação de pacotes para a transmissão segura de voz no sector militar em 1964. Na realidade, o trabalho realizado no MIT (1961-1967), na RAND (1962-1965) e no NPL (1964-1967) decorreu em paralelo, sem que nenhum dos investigadores tivesse conhecimento do trabalho dos outros. A palavra "pacote" foi adoptada a partir dos trabalhos do NPL e a velocidade de transmissão proposta para a conceção da ARPANET foi melhorada de 2,4 kbps para 50 kbps.

Em agosto de 1968, tendo aperfeiçoado a estrutura geral e as especificações da rede ARPANET, Roberts e a DARPA lançaram um concurso para a produção de uma componente essencial da rede: comutadores de pacotes denominados Processadores de Mensagens de Interface (IMP). A Bolt Beranek and Newman (BBN), dirigida por Frank Heart, ganhou o concurso em dezembro de 1968. Enquanto a equipa da BBN trabalhava nos IMPs com Bob Kahn, desempenhando um papel fundamental na conceção da arquitetura da rede ARPANET, a topologia e a economia da rede foram concebidas e optimizadas por Roberts, trabalhando com Howard Frank e a sua equipa na Network Analysis Corporation, e o sistema de medição da rede foi preparado pela equipa do Professor Kleinrock na UCLA.

Graças ao desenvolvimento inicial de Kleinrock da teoria da comutação de pacotes e à sua concentração na análise, conceção e medição, o seu Centro de Medição de Redes na UCLA foi escolhido para ser o primeiro nó da ARPANET. Em setembro de 1969, a BBN instalou o primeiro equipamento de rede IMP na UCLA e o primeiro computador anfitrião foi ligado. O projeto Augmenting Human Intelligence de Doug Engelbart (que incluía o primeiro sistema de hipertexto, NLS) no Stanford Research Institute (SRI) forneceu um segundo nó. O SRI apoiava o Network Information Center, dirigido por Elizabeth (Jake) Feinler e que incluía funções como a manutenção de tabelas de nomes de anfitriões e endereços e um diretório de RFCs.

Um mês mais tarde, quando o SRI foi ligado à rede ARPANET, foi enviada a primeira mensagem de anfitrião para anfitrião do laboratório de Kleinrock para o SRI. Foram acrescentados mais dois nós na Universidade de Santa Barbara (UCSB) e na Universidade de Utah. Estes dois últimos nós incorporaram projectos de visualização de aplicações, com Glen Culler e Burton Fried na UCSB a estudarem métodos de apresentação de funções matemáticas utilizando ecrãs de memória para lidar com o problema da atualização na rede, e Robert Taylor e Ivan Sutherland na Universidade do Utah a estudarem métodos para representações 3D na rede. No final de 1969, a rede ARPANET inicial era constituída por quatro computadores anfitriões e a Internet nasceu. Mesmo nesta fase inicial, é de notar que a investigação sobre redes integrava tanto o trabalho sobre a rede subjacente como o trabalho sobre a forma de utilizar a rede. Esta tradição mantém-se até aos dias de hoje.

Nos anos seguintes, foram rapidamente adicionados computadores à rede ARPANET e prosseguiu o trabalho de conclusão de um protocolo de comunicações anfitrião-anfitrião funcionalmente completo e de outro software de rede. Em dezembro de 1970, o Grupo de Trabalho da Rede (NWG), liderado por S. Crocker, concluiu o protocolo de comunicações anfitrião-anfitrião para a rede ARPANET, denominado Protocolo de Controlo da Rede ou NCP. Como os sítios ARPANET terminaram a implementação do NCP entre 1971 e 1972, os utilizadores da rede puderam finalmente desenvolver as primeiras aplicações.

Em outubro de 1972, Kahn organizou uma demonstração importante e muito bem sucedida da rede ARPANET na Conferência Internacional sobre Comunicações Informáticas (ICCC). Esta foi a primeira demonstração pública da nova tecnologia. Foi também em 1972 que foi desenvolvida a primeira grande aplicação: o correio eletrónico. Em março, Ray Tomlinson, da BBN, escreveu o primeiro software básico para enviar e receber correio eletrónico, satisfazendo assim as necessidades de comunicação dos criadores da rede ARPANET. Em julho, Roberts alargou a sua aplicação escrevendo o primeiro programa de correio eletrónico para listar, ler seletivamente, classificar, encaminhar e responder a mensagens. A partir daí, o correio eletrónico tornou-se a maior aplicação de rede durante mais de uma década. Foi um prenúncio do tipo de atividade a que assistimos atualmente na World Wide Web, nomeadamente o enorme crescimento do tráfego de todos os tipos que liga as pessoas.

X.2.DEFINIÇÃO

Principais serviços Internet (www, correio, FTP, chat, telefones) Principais programas de navegação (Internet Explorer, Mozilla, Opera, etc.)

Acesso à Internet (através do ambiente de trabalho, da barra de estado ou do menu do programa)

Motor de busca (Google)

X.3.PRINCIPAIS SERVIÇOS INTERNET

X.3.1.WWW

A WWW, ou World Wide Web, é um sistema de informação global disponível na Internet, que permite aos utilizadores consultar documentos, navegar de uma página para outra e aceder a vários tipos de conteúdos multimédia através de ligações de hipertexto. Por outras palavras, é uma rede de páginas Web interligadas, acessíveis através da Internet.

A HISTÓRIA DA WORLD WIDE WEB

A WWW foi inventada por Sir Tim Berners-Lee em 1989. O seu objetivo inicial era facilitar a partilha de informações entre cientistas e investigadores de todo o mundo. O primeiro sítio Web foi criado em 1991, marcando o início da era **WWW**.

COMO FUNCIONA A WWW

A WWW funciona através de um protocolo chamado HTTP (Hypertext Transfer Protocol). Quando introduz um endereço Web no seu browser, este envia um pedido ao servidor Web correspondente através de HTTP. O servidor envia então a página Web pedida de volta para o seu browser, que a apresenta no seu ecrã. Este processo ocorre numa fração de segundo.

COMPONENTES WWW

A WWW é constituída por vários componentes essenciais, incluindo navegadores Web, servidores Web, páginas Web, ligações de hipertexto e protocolos de comunicação. Estes componentes trabalham em conjunto para proporcionar uma experiência de navegação sem descontinuidades.

A IMPORTÂNCIA DA WWW NA VIDA QUOTIDIANA

A WWW revolucionou a forma como vivemos e trabalhamos. Permite-nos aceder a uma quantidade infinita de informações, fazer compras em linha, ver vídeos, comunicar com amigos e colegas e muito mais. Também abriu novas oportunidades para as empresas e os empresários.

AS VANTAGENS E DESVANTAGENS DA WWW

Embora a WWW tenha trazido muitos benefícios, também teve os seus inconvenientes. As vantagens incluem o acesso à informação, a comunicação global e as oportunidades de negócio. No entanto, as desvantagens incluem os problemas de segurança em linha, a desinformação e a dependência excessiva da Internet.

X.3.2.MAIL

E-mail refere-se a correio eletrónico, ou seja, uma mensagem escrita e enviada eletronicamente através de uma rede informática. O correio eletrónico é enviado de uma caixa de correio eletrónico para outra.

X.3.3.FTP

No mundo informático, ouvimos frequentemente o termo FTP. A sigla FTP significa File Transfer Protocol (Protocolo de Transferência de Ficheiros), um protocolo utilizado para transferir ficheiros de um computador para um servidor ou de um servidor para um computador... Mas não são ficheiros quaisquer! Aqueles que são demasiado grandes para serem enviados de outro local (os ficheiros do seu sítio Web, por exemplo).

X.3.4.CHAT

As mensagens instantâneas (*chat*) permitem que as pessoas ligadas à rede falem diretamente umas com as outras através da troca de textos, geralmente muito curtos e muitas vezes escritos numa gíria baseada em abreviaturas e símbolos gráficos.

X.3.5.TELEFONE

O telefone é um dispositivo de comunicação originalmente concebido para transmitir a voz humana e comunicar à distância. Para funcionar, o telefone necessita de uma infraestrutura terrestre ou espacial: a rede telefónica.

X.4.PRINCIPAIS NAVEGADORES

Os navegadores Web são programas de software que permitem consultar páginas Web e sítios da Internet. São a porta de entrada para a Internet e para todas as páginas disponíveis.

Os melhores navegadores Web são o Google Chrome, o Mozilla Firefox, o Microsoft Edge (antigo Internet Explorer), o Safari, o Brave, o Opera, o Tor Browser, o Vivaldi e o Sidekick. A interface do utilizador é geralmente personalizável, pelo que é possível simplificar a navegação com interfaces intuitivas. Os navegadores Web podem ser utilizados no ambiente de trabalho (Windows, macOS ou Linux), bem como em dispositivos móveis (iOS, Android), graças às versões móveis.

As principais funções oferecidas pelos navegadores Web são as seguintes:

- **Múltiplos separadores:** pode ter um grande número de separadores abertos ao mesmo tempo para mudar de um sítio Web para outro sem perder o progresso.
- **Gestão da palavra-passe:** o navegador Web pode guardar a sua

palavra-passe (apenas com o seu consentimento) de forma segura, para que possa ser pré-preenchida na próxima vez que visitar o sítio.

- **Segurança:** a maioria dos navegadores Web oferece actualizações regulares e automáticas para combater ataques maliciosos e evitar violações da segurança. Também oferecem outras funções, como o bloqueio de pop-ups ou avisos se visitar um sítio potencialmente perigoso ou descarregar algo suspeito.
- **Confidencialidade dos dados pessoais:** para garantir a proteção dos seus seus dados pessoais, os navegadores permitir a gestão do rastreio de publicidade para controlar os cookies e a utilização da navegação privada.
- **Adicionar atalhos/favoritos:** pode adicionar vários sítios a uma lista de favoritos ou marcadores, para aceder a eles mais rapidamente sem utilizar um motor de busca.
- **Integração de extensões web :** os navegadores oferecem geralmente a possibilidade de adicionar extensões ou plugins personalizados, como bloqueadores de anúncios, ferramentas de produtividade (captura de ecrã, conversor de ficheiros, tradutor, etc.) e ferramentas de desenvolvimento, ou mesmo extensões dedicadas a ferramentas de videoconferência.
- **Transferências:** os elementos que podem ser descarregados de sítios Web são guardados no navegador.
- **Integração de PDF:** pode ler, editar e partilhar PDFs diretamente a partir de navegadores Web.
- **VPN:** alguns browsers, como o Opera ou o Sidekick, incluem uma VPN para proteger as suas informações pessoais quando navega na Web.
- **Dados de navegação:** os programas de navegação permitem-lhe consultar o histórico de navegação e gerir ou apagar os dados de navegação.
- **Barra de endereços:** pode aceder a sítios Web diretamente a partir da barra de pesquisa do navegador, que lhe permite escrever o endereço exato de um sítio ou palavras-chave que lançarão uma pesquisa no seu motor de busca predefinido.

ESCOLHER UM NAVEGADOR WEB

Os programas de navegação são actualizados regularmente para serem mais rápidos e suportarem as versões mais recentes dos sítios Web. Para escolher o seu navegador, é necessário determinar as suas necessidades em termos de proteção da privacidade, plugins, velocidade e compatibilidade. Alguns navegadores mais antigos podem não ser compatíveis com certas versões novas de sítios Web. Por vezes, as tecnologias mudam e os programas de navegação e os sítios têm de se adaptar, como foi o caso do fim do Adobe Flash Player. Os navegadores móveis estão disponíveis para descarregar nas várias lojas ou, por vezes, são pré-instalados, como o Safari da Apple, por exemplo.

A MELHOR CLASSIFICAÇÃO DO NAVEGADOR EM NOVEMBRO DE 2023 :

1. Ópera
2. Mozilla Firefox
3. Google Chrome
4. Microsoft Edge
5. Vivaldi

X.5.ACESSO À INTERNET

X.5.1.PELO GABINETE

1. Selecione **o ícone** de rede ou **Wifi** na área de notificação.
2. Na lista de redes, escolha a rede à qual pretende ligar e, em seguida, selecione **Ligar**.
3. Introduzir a chave de segurança (frequentemente designada por palavra-passe).
4. Siga todas as instruções adicionais.

Se tiver problemas com a sua rede Wi-Fi ao utilizar o Windows 10, consulte Resolver problemas de Wi-Fi no Windows_para obter informações avançadas de resolução de problemas.

X.5.2.ATRAVÉS DA BARRA DE ESTADO

1. Selecione o ícone **Rede** na barra de tarefas. O ícone apresentado depende do estado atual da ligação. Se não vir nenhum dos ícones de rede (ou um ícone semelhante) apresentados na imagem seguinte, selecione a **seta para cima** para ver se aparece.

2. Escolha a rede Wi-Fi à qual pretende ligar e, em seguida, selecione **Ligar**.
3. Introduza a palavra-passe da rede e selecione **Seguinte**.
4. Escolha **Sim** ou **Não**, dependendo do tipo de rede a que se está a ligar e se pretende que o seu PC seja detetável por outros PCs e dispositivos na rede.

X.6.MOTOR DE PESQUISA (Google)

X.7.E-MAIL

[7]**O correio eletrónico**, **e-mail** ou **e-mail/e-mail**, é um serviço de transmissão de mensagens enviadas eletronicamente através de uma rede informática (principalmente a Internet) para a caixa de correio eletrónico de um destinatário escolhido pelo remetente .

X.7.1.CREATION

COMO CRIAR UMA CONTA GMAIL

O primeiro passo para criar uma conta Gmail é aceder à página do Gmail no seu motor de busca. Em seguida, clique no separador "***Criar uma conta***" e introduza o seu primeiro e último nome. Depois de preencher estes primeiros campos, **introduza o seu nome de utilizador e a sua palavra-passe**. Por razões de segurança, escolha sempre uma palavra-passe suficientemente complexa e diferente das suas outras contas. Em seguida, ser-lhe-á pedido que **confirme a sua palavra-passe**, introduzindo-a uma segunda vez. Pode também introduzir a sua data de nascimento e o seu número de telefone, embora estes não sejam obrigatórios. Por fim, basta aceitar as condições de utilização do serviço para validar a sua conta e aceder à interface de utilizador.

A COMPOSIÇÃO DE UM ENDEREÇO ELECTRÓNICO

Um endereço de correio eletrónico é constituído por um conjunto de componentes que podem ser utilizados para comunicar e enviar todos os suportes possíveis (documento, vídeo, imagem, ficheiro, etc.).

Os componentes de um endereço de correio eletrónico são o identificador, que é geralmente o apelido, o nome próprio e os caracteres especiais, como hífenes, pontos e o separador de arobase **(@)**. Depois, para concluir o endereço de correio eletrónico, pode optar por adicionar o seu nome de domínio ou o nome da sua empresa ou simplesmente deixar o nome do fornecedor de endereços de correio eletrónico (Gmail, Yahoo, Bing, etc.). Finalmente, no que diz respeito às

[7] https://www.techno-science.net, consultado em 14/11/2023 às 03h27

palavras-passe, recomendamos uma mistura de letras, caracteres especiais e números. E tome nota desta palavra-passe algures no seu telemóvel.

X.7.2.SEND

O envio de uma mensagem de correio eletrónico é bastante simples. Em primeiro lugar, tem de iniciar sessão na sua conta de correio eletrónico e clicar no botão "nova mensagem". Em seguida, tem de introduzir o endereço de correio eletrónico da pessoa a quem pretende enviar a mensagem, o assunto da mensagem e o corpo da mensagem. Também pode adicionar anexos, como ficheiros, imagens ou vídeos. Por fim, clique no botão "enviar" para enviar a mensagem.

X.7.3.DESCONEXÃO

SAIR DE UM COMPUTADOR

1. Abrir o Gmail.
2. No canto superior direito, clique na sua fotografia.
3. Clique em **Terminar sessão**.

DESLIGAR NOUTRO DISPOSITIVO

Se se esqueceu de terminar a sessão da sua caixa de correio noutro computador, pode terminar a sessão do Gmail remotamente.

1. Abrir o Gmail.
2. No canto superior direito, clique na sua fotografia.
3. Clique em **Gerir a sua conta Google**.
4. Clique em **Segurança**.
5. Em "Os seus dispositivos", clique em **Gerir todos os dispositivos**.
6. Selecionar um dispositivo.
7. Clique em **Sair**.

X.7.4.ACESSO

Esta solução é muito simples e funciona tão bem num computador (Windows, Mac, Linux) como num smartphone ou tablet (sem necessidade de instalar uma aplicação). A desvantagem é que pode ser necessário iniciar sessão regularmente (fornecendo o seu endereço de correio eletrónico e a sua palavra-passe).

Caixa de início de sessão **do Gmail num navegador da Web**

Para aceder à sua conta Gmail num navegador da Web :

1. ir para www.gmail.com
2. se lhe for pedido, escreva o endereço de correio eletrónico da sua conta Gmail, terminando com @gmail.com, e clique em Seguinte
3. introduza a sua palavra-passe do Gmail e clique em Seguinte
4. chega à sua caixa de entrada do Gmail

Observações :

- Se já estava ligado ao Gmail no seu browser, não precisa de se identificar introduzindo o seu endereço de correio eletrónico e a sua palavra-passe. Neste caso, verifique se é a conta correta e, se não for, saia do Gmail primeiro.
- O endereço exato do serviço de correio eletrónico da Google é https://mail.google.com/mail/u/0/#inbox, mas pode aceder-lhe digitando simplesmente gmail.com ou gmail.fr (com ou sem www é igual), ou mail.google.com.

X.7.5.RESPOSTA

Para responder a mensagens de correio eletrónico, basta seguir os passos abaixo:

1. Abra a aplicação Gmail >*< no seu telemóvel ou tablet Android.
2. Abrir a mensagem.
3. Na parte inferior da mensagem, prima :

o **Responder**: enviar a mensagem para o remetente.

- **Responder a todos**: envia a mensagem para o remetente e para todas as pessoas nas linhas "A" e "Cc".

4. Introduza a sua mensagem.
5. >Prima Enviar .

X.7.1.6.IMPRESSÃO

1. Selecionar a mensagem a imprimir.
2. Na parte superior da página, selecione > **Imprimir**.

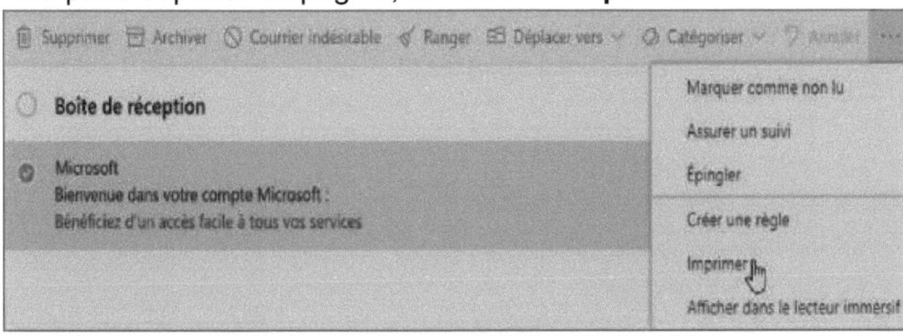

3. Uma pré-visualização da sua mensagem abre-se numa nova janela. Na parte superior da janela, selecione **Imprimir**.
4. Na caixa de diálogo **Caixa de diálogo Imprimir**, selecionar as opções
e selecione **Imprimir**.

IMPRIMIR ANEXOS

Para imprimir anexos, pode descarregá-los e guardá-los no seu computador local ou no OneDrive e abri-los com o programa adequado. Por exemplo, pode abrir e imprimir ficheiros .doc a partir do Word e abrir e imprimir ficheiros .pdf a partir do Adobe Reader.

1. Abra a mensagem que contém o anexo que pretende imprimir.
2. No anexo, selecione **Transferir**.

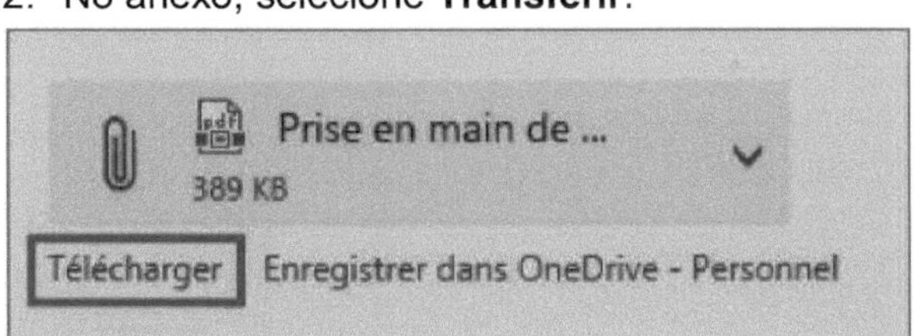

3. Depois de descarregar o ficheiro, abra-o no programa adequado e selecione a opção de impressão. Por exemplo, abra um ficheiro .doc no Word e, em seguida, imprima-o.

BIBLIOGRAFIA

❖ **Os livros :**

- Curriculum National des Humanites Techniques Commercials, março de 2014;
- Jacques LONCHAMP, introduction aux systemes informatique, Paris, Dunod, 2011.

❖ **Sítios Web :**

- https://www.futura-sciences.com
- https://www.synonyme-du-mot.com
- https://www.maxicours.com
- https://www.techno-science.net
- https://barrazacarlos.com
- https://www.larousse.fr

MIX
Papier aus verantwortungsvollen Quellen
Paper from responsible sources
FSC® C105338

Printed by Books on Demand GmbH, Norderstedt / Germany